Alle Gestalten sind ähnlich
Goethes Metamorphose der Pflanzen

Datura Metel.

MARIE-LUISE KAHLER · GISELA MAUL

Alle Gestalten sind ähnlich

Goethes Metamorphose der Pflanzen

KLASSIKERSTÄTTEN ZU WEIMAR

Frontispiz
Datura Metel
(Weißer Stechapfel — Datura Metel ist synonym mit Datura
alba L.)
Aquarell von unbekannt, vermutlich Anfang 19. Jh.
34,0 × 24,5 cm
GNM, Goethes Kunstsammlung
Inv.Nr.: 1758
   Datura Metel ist eine der exotischen Stechapfelarten, hier
mit einer farbigen Abwandlung der sonst weißen Blüte. In dem
von Goethe im § 112 zitierten Buch Batschs »Versuch einer
Anleitung zur Kenntnis und Geschichte der Pflanzen« (Halle
1787) wird im 19. Kapitel unter § 276 als Ausartung auch die
Farbe bei der Blumenkrone »zum Vergnügen der sogenannten
Blumisten« genannt. Goethe schrieb in »Nacharbeiten und
Sammlungen«: Man kann »keineswegs zur vollständigen
Anschauung gelangen . . ., wenn man nicht Normales und
Abnormes immer zugleich gegeneinander schwankend und
wirkend betrachtet« (LA I 9, S. 111).
Stechapfelarten gehörten zum Bestand der herzoglichen
Orangerie Belvedere bei Weimar, die Goethe oft zu botanischen
Beobachtungen aufgesucht hat.

ISBN 3-7443-0073-0
© 1991 Klassikerstätten zu Weimar
(Nationale Forschungs- und Gedenkstätten der
klassischen deutschen Literatur in Weimar)
Redaktion: Reiner Schlichting
Gestaltung: Witolf Röth
Herstellung:
Druckerei Parzeller, Fulda

Als sich zu Ostern des Jahres 1990 das Erscheinen von Goethes naturwissenschaftlicher Schrift »Versuch die Metamorphose der Pflanzen zu erklären« zum 200. Male jährte, gedachte man dieses Ereignisses in Weimar mit einer Sonderausstellung im Goethe-Nationalmuseum. Zahlreiche Dokumente zur Entstehung und zum Inhalt jenes botanischen Essays konnten erstmals als Originale aus den Goetheschen Sammlungen der Öffentlichkeit präsentiert werden. Die Resonanz, die die Exposition beim Publikum fand, war Anlaß für die Erarbeitung des vorliegenden Bild-Text-Bandes.

Das Schicksal der Metamorphoseschrift war vom fortgesetzten, wenn auch erfolglosen Bemühen Goethes um eine illustrierte Ausgabe begleitet. Fast resignierend mußte er 1817 konstatieren: »Herbarien . . . wurden gesammelt, ich verwahrte sogar manche Merkwürdigkeit in Spiritus, ließ Zeichnungen verfertigen, Kupfertafeln stechen, alles das sollte der Fortsetzung meiner Arbeit zugute kommen. Der Zweck war die Haupterscheinungen vor Augen zu bringen und . . . die Anwendbarkeit meines Vortrages zu bestätigen. Nun ward ich aber unverhofft in ein höchst bewegliches Leben hingerissen . . .« (LA I 9, S. 71).

Die hier getroffene Auswahl von Illustrationen stützt sich bis auf wenige Ausnahmen auf das bereits von Goethe vorgesehene Bildwerk, auf Herbarblätter und andere Objekte aus dem überlieferten Bestand seiner botanischen Sammlungen. Sie kann wohl illustrierend erläutern, will aber nicht den Anspruch erheben, die unausgeführt gebliebenen Bestrebungen Goethes nachträglich zu verwirklichen.

Zur Entstehungs- und Publikationsgeschichte der »Metamorphose der Pflanzen«

Mit dem »botanischen Werkchen« »Versuch die Metamorphose der Pflanzen zu erklären«, das 86 Seiten mit 123 Paragraphen umfaßt, begann Goethe, wie er selbst in einem Brief an den für die Naturwissenschaften gewonnenen Freund Karl Ludwig von Knebel am 9. Juli 1790 schrieb, »eine neue Laufbahn«, auf der er »nicht ohne manche Beschwerlichkeit wandeln werde«.[1] Er meinte damit die des naturwissenschaftlichen Schriftstellers.

Als Dichter über die Grenzen Deutschlands hinaus längst bekannt, trat er nun auch auf einem völlig anderen Gebiet vor die Öffentlichkeit. Freilich hoffte er auf ein positives Echo, konnte aber nicht sicher sein, ob sein »Versuch« als das genommen wurde, was er sein sollte: ein Beitrag zur Naturwissenschaft. In der Tat hatte Goethe gegen Meinungen eines Publikums anzukämpfen, das ihn nur als Dichter sehen wollte. In einem venezianischen Epigramm aus dem Jahre 1790 heißt es: »Mit Botanik gibst du dich ab? mit Optik? Was thust du? / Ist es nicht schönrer Gewinn, rühren ein zärtliches Herz?«[2] Noch im Alter, 1820, war ihm bei der Ausarbeitung seiner autobiographischen Schrift »Campagne in Frankreich«, die das Jahr 1792 betrifft, das damalige Unverständnis von Bekannten gegenwärtig, wenn er formulierte: »Mit meinen Naturbetrachtungen wollte es mir kaum besser glücken; die ernstliche Leidenschaft womit ich diesem Geschäft nachging konnte niemand begreifen, niemand sah wie sie aus meinem Innersten entsprang; sie hielten

5

dieses löbliche Bestreben für einen grillenhaften Irrthum; ihrer Meinung nach konnt' ich was Besseres thun und meinem Talent die alte Richtung lassen und geben . . .«[3] Friedrich Heinrich Jacobi hatte er am 3. März 1790 anvertraut: ». . . ich bin neugierig was das gelehrte und ungelehrte Publikum mit einem Schriftchen machen wird, das über *die Metamorphose der Pflanzen* einen Versuch enthält.«[4]

Es mag tatsächlich verwundern, daß dem Nichtfachmann Goethe mit der Metamorphoselehre eine botanische Entdeckung von bemerkenswerten Folgen für die Wissenschaft gelungen ist. Sie fiel ihm jedoch nicht in den Schoß, und er legte selbst Wert darauf, seinen Weg zu diesem »erfreulichen Resultat« den Fachleuten wie dem Lesepublikum bekanntzumachen. Zu diesem Zwecke fügte er der zweiten Veröffentlichung seines botanischen Versuches im Jahr 1817 einen Aufsatz bei, den er 1831 erweitert unter dem Titel »Der Verfasser teilt die Geschichte seiner botanischen Studien mit« publizierte. Darin lesen wir, seine Hinwendung zu botanischen Studien, zu Naturstudien überhaupt habe recht eigentlich seit seinem Eintritt in Weimar 1775 begonnen, als er »Stuben- und Stadtluft mit Land-, Wald- und Garten-Atmosphäre vertauschte«[5]. Zwar hatte er schon in seinen »frühsten Zeiten« (als Kind im Frankfurter Elternhaus) einen »Untersuchungstrieb gegen natürliche Dinge« gefühlt, »das Verlangen zu erfahren wie solche Dinge zusammenhängen, wie sie inwendig aussehen«. Er erinnere sich, schrieb Goethe im Vierten Buch von »Dichtung und Wahrheit«, daß er als Kind z.B. »Blumen zerpflückt« habe, um zu sehen, wie die Blätter in den Kelch eingefügt waren. Aber es wurde in dieser Zeit nicht daran gedacht, »Naturgeschichte in der Schule zu lehren«. Er besaß deshalb keinen Begriff von dem, »was eigentlich äußere Natur heißt«, und hatte »von ihren sogenannten drei Reichen nicht die geringste Kenntnis«.[6]

Die Studienjahre gaben Gelegenheit zu ersten, selbstgesuchten Kontakten zu den Naturwissenschaften, obwohl ihm die Art, wie diese mit der

Natur umgingen, nicht zusagte. Es herrschte ein zerstückelndes, analysierendes Herangehen vor. Gespräche über bedeutende Naturforscher wie Albrecht von Haller, Louis von Buffon und Karl von Linné allerdings spannten seine Aufmerksamkeit. Gepackt »von einem ernsten Drange das ungeheure Geheimnis, das sich in stetigem Erschaffen und Zerstören an den Tag gibt, zu erkennen«[7], unternahm er als Siebzehnjähriger alchimistische Versuche im Elternhaus. Befriedigung brachten diese Bemühungen nicht, aber ein erstes Bekanntwerden mit Vorgängen der Bildung und Umbildung und ein gesteigertes Bedürfnis, die unendliche Natur und damit den schöpferischen Geist zu begreifen.

1820 veröffentlichte Goethe in seiner Zeitschrift »Zur Morphologie« (1. Band, 3. Heft) den »Freundlichen Zuruf« mit einem »Reimstück«, in dem er davon spricht, daß er sechzig Jahre die »Philister« habe wiederholen hören: »Ins Innere der Natur / Dringt kein erschaffner Geist. / Glückselig! wem sie nur / Die äußere Schale weist!«[8] Die Verse stammen aus Albrecht von Hallers Gedicht »Die Falschheit menschlicher Tugend« aus dem Jahre 1730 und bezeichnen einen damals unter den Naturforschern verbreiteten Standpunkt. Deshalb war für Goethe z.B. die durch Johann Gottfried Herder 1773 vermittelte Begegnung mit der pantheistischen Philosophie des Niederländers Baruch Spinoza aus dem 17. Jahrhundert von großer Bedeutung. Die Auffassung von einer Einheit Gott − Natur gab Goethes Hoffnung, in den Naturerscheinungen selbst die »große formende Hand« aufzuspüren, neue Nahrung. Aber erst in Weimar fand er die Vorbedingungen und Anregungen, die ihn weiterführten. Wie sich dabei ideelle und praktische Fragen ständig miteinander verbanden, ist bemerkenswert. Im einzelnen alle Einflüsse nachzuweisen ist schwierig, ja eigentlich unmöglich. Sein »Verhältnis zur Wissenschaft« hat Goethe einmal so charakterisiert: er habe aufgenommen, was ihm gemäß war, abgelehnt, was ihn störte, und da er öffentlich zu lehren nicht nötig hatte, habe er sich auf seine eigene Weise

6

belehrt, ohne sich nach irgend etwas Gegebenem oder Herkömmlichem zu richten. Deswegen konnte er jede Entdeckung freudig aufnehmen und was er selbst gewahr wurde ausbilden. Daß es für wissenschaftliches Forschen gleich schädlich sei, ausschließlich der Erfahrung oder allein der Idee zu gehorchen, betonte er ausdrücklich.

Das eigentliche wissenschaftliche Bestreben hatte seine Basis in einem praktischen Naturbezug, bei dem Goethe immer erneut auf das Wirken und Werk eines Mannes aufmerksam wurde, von dem, wie er bekannte, die größte Anregung (neben Spinoza und Shakespeare) auf ihn ausgegangen sei. Dieser Mann war Karl von Linné. Er stürzte ihn in einen produktiven Konflikt.

Erfahrungen im Umgang mit der Natur gewann Goethe u.a. durch die Gestaltung und Bepflanzung des verwahrlost übernommenen Gartens an seinem Gartenhaus am Stern. Mit wahrer Leidenschaft widmete er sich dieser gärtnerischen Tätigkeit. Seine Mutter berichtete in einem Brief vom 16. April 1777 Goethes Jugendfreund Crespel davon: Goethe baue, pflanze und grabe in seinem Garten, daß es Art und Schick habe. Noch im Alter erinnerte er sich an diese Tätigkeit, wenn er in dem seinem Gartenhaus gewidmeten Gedicht »Übermütig sieht's nicht aus . . .« schrieb: »Schlanker Bäume grüner Flor, / Selbstgepflanzter wuchs empor.« Gärtnerisches Wissen, d.h. auch botanische Nomenklatur waren bei diesen Arbeiten gefragt.

Dazu kamen die Anregungen, die von dem Wirken des Apothekers Wilhelm Heinrich Sebastian Buchholz ausgingen. Goethe traf sich bei diesem vielseitig interessierten Gelehrten mit anderen Männern Weimars zu naturwissenschaftlichen Vorführungen und Gesprächen. Buchholz baute nicht nur offizinelle Pflanzen in seinem Garten an, sondern er pflegte, wie Goethe schreibt, »auch seltenere, neu bekannt gewordene Pflanzen für die Wissenschaft«[9]. Es ist leicht einzusehen, daß sich Goethe, wenn er in diesem Kreise mitreden und sich über die erörterten wissenschaftlichen Probleme selbst eine Meinung bilden wollte, genötigt sah, sich botanisches Wissen anzueignen.

Aus seiner Tätigkeit in der Regierung und Verwaltung des Herzogtums Sachsen-Weimar erwuchsen ebenfalls botanische Interessen. Auf Jagdausflügen des Hofes und auf dienstlichen Reisen als Leiter der Ilmenauer Bergwerkskommission lernte Goethe den Wald mit seiner vielseitigen Pflanzengemeinschaft und deren Nutzung kennen, was in ihm das Bedürfnis nach Kenntnis der Holzarten und ihrer Eigenschaften sowie der im Walde heimischen Kräuter, Farne, Moose, Pilze usw. erregte. Der Umgang mit Forstleuten lenkte sein Interesse auf die praktischen Probleme der Forstwirtschaft, die er mit Anteilnahme verfolgte. Auch sein Einsatz für die Verbesserung der landwirtschaftlichen Produktion brachte ihn mit Fragen in Berührung, die botanisches Wissen erforderten. In dem Landkommissar George Batty, einem aus England stammenden vortrefflichen Praktiker, fand er einen Verbündeten, der die überholte Dreifelderwirtschaft durch Förderung der Futterwirtschaft, Entsäuerung der Wiesen usw. überwinden half. Zu diesem Unternehmen brauchte man gediegene Kenntnisse über die Futterkräuter, die Gräser und Kleearten und ihre Eigenschaften, über die Abhängigkeit des Pflanzenwuchses von der Art des Bodens.

Schon zu Beginn des Jahres 1777 kaufte sich Goethe beim Buchhändler Hoffmann in Weimar Hauptwerke des Botanikers Linné, dessen Name überall gegenwärtig war: die »Fundamenta botanica . . .«, 1747 erschienen, und die »Termini botanici . . .« aus dem Jahre 1767. Eine Rechnung vom März 1779 belegt den Erwerb von Linnés »Systema plantarum . . .« (1779) und von »Dietrichs Pflanzenreich«. Alle Bücher außer dem letztgenannten befinden sich noch in Goethes Bibliothek. Im Sommer desselben Jahres besorgte er sich auch das Pflanzenverzeichnis nach Linnés System, »Index regni vegetabilia«, 1770 gedruckt, das er vom Buchbinder durchschießen ließ, um auf den eingehefteten Blättern Platz für eigene Notizen und Bemerkungen zu haben. Es ist jedoch leer geblieben, botanische Niederschriften gibt es aus dieser Zeit nicht. Zu vielseitig waren die Tätigkeiten, Anregungen und Einflüsse dieser frühen Weimarer Jahre, als daß eine systematische wissenschaftliche Beschäftigung allein mit Botanik möglich gewesen wäre. Es dürfte Goethe auch nicht ganz leicht gefallen sein, sich als Laie — wenn auch aus Neigung — in das botanische Grundwissen einzuarbeiten. Dennoch vertraute er sich gleich wie viele Zeitgenossen dem Modernsten an, der neugeschaffenen Methode Linnés, »seiner Umsicht, seiner alles hinreißenden Wirksamkeit«[10]. Es galt, die Pflanzenarten, Gattungen und Klassen kennenzulernen, zu unterscheiden und einzuordnen, ebenso die einzelnen Organe der Pflanzen. Ein schier unübersehbares Feld breitete sich vor Goethe aus, auf dem er nur mühsam Fuß faßte. Nahezu unlösbar schien ihm die Aufgabe, Genera (Gattungen) mit Sicherheit zu bezeichnen und ihnen die Species (Arten) unterzuordnen, da er immer wieder auf die große Versatilität (Veränderlichkeit) der Organe in Abhängigkeit von den Lebensbedingungen am Standort stieß. Außerdem lag das erforderliche Trennen und Zählen nicht in Goethes Natur. 1782 wurden seine Linné-Studien durch die Lektüre von »ganz allerliebsten Briefen über die Botanick«[11] — so am 16. Juni an Herzog Carl August — von Jean Jacques Rousseau belebt, die 1781 in deutscher Übersetzung erschienen waren. Rousseau war ein glühender Verehrer von Linné und auf dem Gebiet der Botanik aus Liebhaberei tätig. Wer einmal die »Zehn botanischen Lehrbriefe« zur Hand nimmt und etwa Rousseaus Diskussion zur Definition der Blüte liest, dem wird Goethes Angeregtsein schnell verständlich werden. Doch zunächst drängten sich für Goethe andere, anatomische und geologische Naturstudien vor. In dem Aufsatz »Über den Granit«, der den Anfang eines Romans über das Weltall bilden sollte, und in der Abhandlung zur Entdeckung des Zwischenkieferknochens beim Menschen, beide aus dem Jahre 1784, hielt Goethe erste selbstgewonnene wissenschaftliche Erkenntnisse fest, die

8

die Entwicklung und den Zusammenhang in der Natur betrafen. Zur Veröffentlichung kam jedoch — aus verschiedenen Gründen — beides zunächst nicht.

Auffällig setzten ab 1785 wieder botanische Studien ein, nun aber eng verbunden mit Beobachtungen und Experimenten. Goethe spürte jetzt einer bestimmten Frage nach, und dabei gaben die Disputationen mit Herder seit 1783/84 über die Bildung der »Wasser—Erde« und des Lebens auf ihr, in denen zahlreiche Anregungen aus der herangezogenen Fachliteratur mitwirkten, die inhaltliche Richtung an, während die erneute Beschäftigung mit Spinozas Philosophie, speziell mit dessen »Ethik« die Hoffnung auf Erfolg lieferte. Was hier begann und in Italien sich bis zur Hypothese »Alles ist Blatt« fortsetzte, ist für Goethe ein wahres Abenteuer gewesen.

Herder hatte im 2. Buch seiner »Ideen zur Philosophie der Geschichte der Menschheit« die folgende Aussage getroffen, die in den Disputationen eine Rolle spielte: die Natur schreite »von einfachen Gesetzen sowie von groben Gestalten . . . ins Zusammengesetztere«, und »hätten wir einen Sinn, die Urgestalten und ersten Keime der Dinge zu sehen, so würden wir vielleicht im kleinsten Punkt die Progression der ganzen Schöpfung gewahr werden«.[12] Goethe wagte sich an diese Aufgabe. Er suchte die »Urgestalten und ersten Keime« sinnlich zu fassen, um auf diese Weise in den drei Reichen der Natur dem Wesen der Dinge, d.h. der Idee zu begegnen. 1785 unternahm er parallel zueinander Versuche zur Kristallbildung (Urgestalten im Steinreich), Untersuchungen des pflanzlichen Samens und Keimversuche (Urgestalten im Pflanzenreich) sowie Experimente zur Erzeugung von Infusionstierchen (damals die kleinsten bekannt gewordenen Tiere). Er arbeitete dabei auch mit dem Mikroskop. Angemerkt sei, daß diese Versuche gleichzeitig eine Überprüfung der verbreiteten Präformationslehre darstellten, nach der sich nichts Neues bildet, sondern alle Formen eines Lebewesens bereits im Samen angelegt seien, was Goethes genetischer Denkweise nicht gemäß war. Während die Versuche zum Stein- und Tierreich ihn nicht weiterbrachten, sah er beim Pflanzenreich ein Vorwärtskommen. Am 8. März 1785 schrieb er an Charlotte von Stein aus Jena: »Wir haben Cokos Nüsse secirt und die Anfänge dieses merckwürdigen Baums untersucht«[13], und er fügte hinzu, er freue sich immer, sooft ihn eine Erfahrung darin bestärke, daß er auf dem rechten Wege sei. In mehreren Briefen aus dem Jahre 1785 finden sich Hinweise, daß er Samen untersuchte oder keimen ließ, daß er über die »Materie von Samen« nachdachte und eine Lektion darüber schreiben wollte, was er ein Jahr später auch tat.

Einen dienstlichen Aufenthalt in Ilmenau, am Fuße des Thüringer Waldes, nutzte Goethe im Juni 1785 dazu, seine botanischen Kenntnisse mit Hilfe von Linnés Werken zu erweitern, und zwar in Verbindung mit der Suche nach der »essentia formalis«, der wesentlichen Form, der zur Erscheinung gebrachten Idee, von der er bei Spinoza gelesen hatte. Das erklärt die Leidenschaft, mit der er die Naturstudien betrieb. Im Briefwechsel mit Jacobi spricht er von Spinozas »deus sive natura«, davon, daß er das Göttliche »nur in und aus den rebus singularis erkenne« und »in herbis et lapidibus«[14] suche (Brief vom 9. Juni 1785).

Die erste Karlsbader Reise im August 1785 wurde ebenfalls zum Erwerben botanischer Kenntnisse genutzt. Goethe nahm aus diesem Grunde Friedrich Gottlieb Dietrich (1765–1850) aus der Pflanzensammlerfamilie in Ziegenhain bei Jena mit. In seinem Aufsatz »Der Verfasser teilt die Geschichte seiner botanischen Studien mit« beschreibt Goethe, wie dieser junge Mann ihm während der Reise die gesammelten Pflanzen in den Wagen reichte und jedesmal dazu die Linnéschen Namen rief. »Hiedurch ward mir ein neues Verhältnis zur freien herrlichen Natur, indem mein Auge ihrer Wunder genoß und mir zugleich wissenschaftliche Bezeichnungen des Einzelnen, gleichsam aus einer fernen Studierstube, in das Ohr drangen.«[15]

Im November des gleichen Jahres hielt sich Goethe noch einmal in Ilmenau auf. Wiederum hatte er ein Werk Linnés (die »Philosophia botanica«) bei sich, und er hoffte, es »endlich einmal in der Folge zu lesen«, denn bisher habe er immer nur »so dran gekostet«. Besonders befaßte er sich dort mit der Klasse der Blütenlosen, mit den Schwämmen (Pilzen), von denen er auch eßbare Arten getrocknet mit nach Weimar zu bringen versprach, sowie mit den Moosen und deren ihn sehr interessierenden Sporenträgern. Schon im Monat zuvor hatte seine Aufmerksamkeit dieser Klasse gegolten. In einem Brief vom 7. Oktober schrieb er an Charlotte von Stein, die ihm offenbar Pilze gesandt hatte: »Der Schwamm ist meiner doppelten Liebhaberey sehr behäglich. Ich war eben über diesem Geschlechte und den verwandten und Fritz [der Sohn Charlottes] hat mir heut eine Wassermoosart von dem Teich in der Teichgasse und noch dazu im Regen geholt.«[16] Es verwundert nicht, daß sich Goethe der blütenlosen Klasse besonders annahm, hoffte er doch gerade hier der einfachsten, anfänglichsten Organisationsform, der Urgestalt, auf die Spur zu kommen. Aber es waren dann die Untersuchungen und insbesondere die Keimversuche an den Blütenpflanzen, die ihn weiterbrachten, d.h. die Beobachtung des Wachstums, der Aus- und Umbildung der Organformen in einer stetigen Folge.

Im folgenden Jahr spielten die botanischen Studien eine noch gewichtigere Rolle. »Das Pflanzenreich raßt einmal wieder in meinem Gemüthe, ich kann es nicht einen Augenblick loswerden, mache aber auch schöne Fortschritte«, bekannte Goethe am 9./10. Juli 1786 in einem Brief an Charlotte von Stein kurz vor seiner Abreise nach Karlsbad und damit nach Italien, wo ihm die entscheidende Einsicht gelang. Im Brief heißt es weiter: »Am meisten freut mich jetzo das Pflanzenwesen, das mich verfolgt; und das ists recht wie einem eine Sache zu eigen wird. Es zwingt sich mir alles auf, ich sinne nicht mehr darüber, es kommt mir alles entgegen und das ungeheure Reich simplificirt sich mir in der Seele, daß ich bald die schwerste Aufgabe gleich weglesen kann. [—] Wenn ich nur jemanden den Blick und die Freude mittheilen könnte, es ist aber nicht möglich. Und es ist kein Traum keine Phantasie; es ist ein Gewahrwerden der wesentlichen Form, mit der die Natur gleichsam nur immer spielt und spielend das manigfaltige Leben hervorbringt. Hätt ich Zeit in dem kurzen Lebensraum; so getraut ich mich es auf alle Reiche der Natur — auf ihr ganzes Reich — auszudehnen.«[17]

Goethe hat sich nicht näher über die »wesentliche Form« geäußert, aber es kann sich wohl nur um die Einfachheit der Anfänge der Pflanzenbildung gehandelt haben, da er an der »Lehre von den Kotyledonen«, den Keimblättern, die er als erste echte Blätter ansah, zu arbeiten begann. Gleichzeitig entstanden Skizzen zu Keimvorgängen, auch Aquarelle, die Mitglieder der Weimarer Zeichenschule unter Goethes Anleitung anfertigten (s. Abb. 19, 30, 31), darunter die Keimung der Dattelpalme und des türkischen Korns (Mais). Die Studie über die Kotyledonen wurde erst nach Goethes Tod veröffentlicht. Mit der in Italien gewonnenen Erkenntnis von der gesetzlichen Bildung und Umbildung der Pflanzengestalt überholten sich diese Vorarbeiten, sie waren aber ein wichtiger Meilenstein für den späteren Begründer der Morphologie, der Lehre von der Gestalt, gesehen als Prozeß der Bildung und Umbildung, eines Formenwandels also. Angemerkt sei hier, daß Goethe 1786, kurz vor der Abreise nach Italien, in seiner Zwischenkieferarbeit eine bezeichnende Änderung vornahm; er ersetzte den Begriff Wesen (Lebewesen) durch den Begriff Formen: »Welch eine Kluft zwischen dem os intermaxillare der Schildkröte und des Elefanten, und doch läßt sich eine Reihe Formen [vorher: Wesen] dazwischen stellen die beide verbindet.«[18]

Nach Italien war Goethe vor allem um Kunst und Altertum willen gereist. Jedoch hatte er als Reiseliteratur auch seinen Linné, die »Fundamenta botanica« mit angebundenen »Termini botanici« und die »Genera plantarum« eingesteckt. Noch immer fühl-

10

te er sich als Schüler, wie er in der »Italienischen Reise« unter dem 8. September 1786 schreibt, und doch ging er bereits seinen eignen Weg, achtete er doch viel mehr auf die Versatilität der Organe als auf ihre Regelmäßigkeit. Überwältigt von der Vielfalt und Üppigkeit der neuen Vegetation (Abb. auf Vorsatz), insbesondere auch in den botanischen und öffentlichen Gärten, konnte sich Goethe botanischen Gedankengängen und Betrachtungen nicht entziehen. In Padua notierte er am 27. September 1786 in das Tagebuch, das er für Charlotte von Stein schrieb: »Aus dem Botanischen Garten vertrieb mich ein Regen. Ich habe drin schöne Sachen gesehn und dir zum Scherz einiges eingelegt. Der fremden Sachen laßen sie viel im Lande stehn gegen Mauern angelehnt oder nicht weit davon und überbauen alsdann das Ganze gegen Ende Oktobers und heitzen es die wenigen Wintermonate. ... [—] Schöne Bestätigungen meiner botanischen Ideen hab ich wieder gefunden. Es wird gewiß kommen und ich dringe noch weiter. Nur ists sonderbar und manchmal macht michs fürchten, daß so gar viel auf mich gleichsam eindringt dessen ich mich nicht erwehren kann daß meine Existenz wie ein Schneeball wächst, und manchmal ists als wenn mein Kopf es nicht fassen noch ertragen könnte, und doch entwickelt sich alles von innen heraus, und ich kann nicht leben ohne das.«[19] Und aus Rom schrieb er am 19.—21. Februar 1787 an sie: »Nun kommen mir Blumen aus der Erde die ich noch nicht kenne und neue Blüten von den Bäumen. Wie wird es erst in Neapel seyn. Wir finden das meiste schon grün und das übrige wird sich vor unsern Augen entwickeln. ... [—] Sage Herdern: daß sich meine botanische Hypothesen durchaus bekräftigen und daß ich auf dem Wege bin neue schöne Verhältnisse zu entdecken.«[20]

In der »Italienischen Reise«, die seit Ende 1813 ausgearbeitet wurde, läßt uns Goethe an seinen botanischen Stationen teilnehmen. Hier findet sich auch die Annahme einer wirklich existierenden Urpflanze, die er als »alte Grille« bezeichnet:

»... spazierte ich am Meere hin und war still

und vergnüglich. Da kam mir eine gute Erleuchtung über botanische Gegenstände. Herdern bitte ich zu sagen, daß ich mit der Urpflanze bald zu Stande bin, nur fürchte ich, daß niemand die übrige Pflanzenwelt darin wird erkennen wollen. Meine famose Lehre von den Kotyledonen ist so sublimirt, daß man schwerlich wird weiter gehen können.«[21] (Neapel, 25. März 1787)

»In dem öffentlichen Garten, unmittelbar an der Rhede, brachte ich im Stillen die vergnügtesten Stunden zu. Es ist der wunderbarste Ort von der Welt. Regelmäßig angelegt, scheint er uns doch feenhaft; vor nicht gar langer Zeit gepflanzt, versetzt er in's Alterthum. Grüne Beeteinfassungen umschließen fremde Gewächse, Citronenspaliere wölben sich zum niedlichen Laubengange, hohe Wände des Oleanders, geschmückt von tausend rothen nelkenhaften Blüthen, locken das Auge. Ganz fremde mir unbekannte Bäume, noch ohne Laub, wahrscheinlich aus wärmern Gegenden, verbreiten seltsame Zweige. Eine hinter dem flachen Raum erhöhte Bank läßt einen so wundersam verschlungenen Wachsthum übersehen . . .«[22] (Palermo, 7. April 1787)

»Es ist ein wahres Unglück, wenn man von vielerlei Geistern verfolgt und versucht wird! Heute früh ging ich mit dem festen ruhigen Vorsatz, meine dichterischen Träume fortzusetzen, nach dem öffentlichen Garten [es war nicht der Botanische Garten, wie oft in der Literatur zu lesen ist – M.-L.K.], allein, eh' ich mich's versah, erhaschte mich ein anderes Gespenst, das mir schon diese Tage nachgeschlichen. Die vielen Pflanzen, die ich sonst nur in Kübeln und Töpfen, ja die größte Zeit des Jahres nur hinter Glasfenstern zu sehen gewohnt war, stehen hier froh und frisch unter freiem Himmel und, indem sie ihre Bestimmung vollkommen erfüllen, werden sie uns deutlicher. Im Angesicht so vielerlei neuen und erneuten Gebildes fiel mir die alte Grille wieder ein: ob ich nicht unter dieser Schar die Urpflanze entdecken könnte? Eine solche muß es denn doch geben! Woran würde ich sonst erkennen, daß dieses oder jenes Gebilde eine Pflanze sei, wenn sie nicht alle nach einem Muster gebildet wären.«[23] (Palermo, 17. April 1787)

Höchst bemerkenswert ist die Wendung Goethes von der Vorstellung einer real existierenden Urpflanze zu der eines Modells, die in dem Brief vom 8. Juni 1787 aus Rom an Charlotte von Stein überliefert ist: »Sage Herdern daß ich dem Geheimnis der Pflanzenzeugung und Organisation ganz nah bin und daß es das einfachste ist was nur gedacht werden kann. Unter diesem Himmel kann man die schönsten Beobachtungen machen. Sage ihm daß ich den Hauptpunkt wo der Keim stickt ganz klar und zweifellos entdeckt habe, daß ich alles übrige auch schon im Ganzen übersehe und nur noch einige Punkte bestimmter werden müssen. Die Urpflanze wird das wunderlichste Geschöpf von der Welt über welches mich die Natur selbst beneiden soll. Mit diesem Modell und dem Schlüßel dazu, kann man alsdann noch Pflanzen ins unendliche erfinden, die konsequent seyn müßen, das heißt: die, wenn sie auch nicht existiren, doch existiren könnten und nicht etwa mahlerische oder dichterische Schatten und Scheine sind, sondern eine innerliche Wahrheit und Nothwendigkeit haben. Dasselbe Gesetz wird sich auf alles übrige lebendige anwenden laßen.«[24]

Diese Vorstellung korrespondiert direkt mit der im Notizbuch, das Goethe in Italien führte, festgehaltenen »Hypothese«: »Alles ist Blat, und durch diese Einfachheit wird die größte Manigfaltigkeit möglich . . .«[25] Er befindet sich auf dem Angel- und Höhepunkt seines botanischen Weges. Obwohl der Begriff »Metamorphose« noch nicht verwendet wird, haben wir hier den Kern der künftigen Lehre vor uns. Der Beweis dafür ist in einem Brief vom 3. Oktober 1787 aus Rom an Knebel zu finden. Dort heißt es: »Glücklicherweise hab ich auch eine Combination der Kunst mit meiner Vorstellungs Art der Natur gefunden und so werden mir beyde doppelt lieb. [–] Die Botanick übe ich auf Wegen und Stegen. Es möchte wie eine Rodomontade [Aufschneiderei] klingen, wenn ich sagte, wie weit ich darin gekommen zu seyn glaube. Genug ich werde immer sicherer daß die allgemeine Formel die ich gefunden habe, auf alle Pflanzen anwendbar ist. Ich kann schon die eigensinnigsten Formen z.E. Passiflora, Arum, dadurch erklären und mit einander in Parallel setzen. [—] Zur völligen Ausbildung dieser Idee brauchts doch noch Zeit. Dieses Land ist schon recht zu einem solchen Studio gemacht. Was ich im Norden nur vermuthete finde ich hier offenbar. Leider daß ich so ganz von allen Büchern, die zu diesem Studio gehören, entfernt bin! Die Genera Plantarum und noch dazu eine alte Edition, sind der ganze Vorrath meines Robinson Crusoeischen Musei. [—] Ich habe diesen Sommer eine Nelcke gefunden aus welcher 4 andre, vollkommene Nelcken herausgewachsen waren, und aus diesen wieder andre gewachsen wären, hätte die Vegetation Trieb genug gehabt. Es ist ein höchst merckwürdiges Phänomen und meine Hypothese wird dadurch zur Gewißheit. Das Phenomen ist ganz anders als es Hill beschreibt, der von solchen Pflanzen ein Tracktätchen herausgegeben hat.“[26]

Die hier erwähnte merkwürdige Nelke hat Goethe gezeichnet (Abb. 2) und in seiner Metamorphoseschrift in § 105 und 106 genau beschrieben. Wie wichtig ihm diese Erscheinung für seine Theorie war, zusammen mit der der durchgewachsenen Rose (Abb. 3), so daß er sie als Illustration dieser Theorie dem Text beizufügen gedachte, geht aus § 102 hervor. Damit der Leser sich selbst ein Urteil über den Unterschied, der nur ein quantitativer, nicht qualitativer ist, zu der bei John Hill 1768 wiedergegebenen, von Goethe im Brief angeführten Nelke bilden kann, ist diese mit aufgenommen worden (s. Abb. S. 12). Beim Vergleich wird auffallen, wie stark Goethe von der Lektüre der Hillschen Abhandlung, der er sich vor der Italienreise gewidmet hatte, beeinflußt war. Überlieferte Notizen erhellen sein großes Interesse an Hills Dar- und Überlegungen.

Der Ausbildung und Prüfung der Hypothese galt

12

Durchgewachsene Nelke
Kupferstich von unbekannt nach John Hill, 1768
15,5 × 10,8 cm
Aus: Hill, Tafel 6
Hill meinte, daß der »Keim des Samengefäßes« der Ausgangspunkt für das Proliferieren sei. Er habe das festgestellt, indem er eins »der Quere nach« entzweischnitt. (Hill, S. 42.)

Titelblatt der von Goethe befürchteten Konkurrenzschrift, die 1789 mit dem Titel »Versuch die Konstruktion der Blumen zu erklären« von Christian Konrad Sprengel angekündigt worden war, aber erst 1793 und mit verändertem Titel erschien.

Sprengels Beitrag zur Blütenökologie fand erst viel später die verdiente Würdigung.

dann in Rom sein weiteres Augenmerk. Keimversuche spielten wieder eine Rolle. Stark beeindruckt wurde Goethe durch die von Rat Reiffenstein mitgeteilten und vorgeführten Erfahrungen der vegetativen Vermehrung. Für den September 1787 ist überliefert, daß Goethe seinem römischen Gesprächspartner in Fragen der Kunsttheorie, Karl Philipp Moritz, seine botanische Theorie entwickelte (»Met. der Pflanze mit Moritz, Met. der Pflanze in extenso«). Ob bereits Manuskriptentwürfe vorhanden waren oder entstanden, ist nur zu vermuten. Bezeugt ist die Arbeit an einem Manuskript erst für den August 1788, als Goethe bereits wieder in Weimar weilte, und zwar durch einen Brief Caroline von Herders an ihren Mann vom 18. August. Goethe hatte es mit der Ausarbeitung nicht eilig, wichtig war ihm wohl in erster Linie der eigene Gewinn. Doch dann las er im Intelligenzblatt der »Jenaer Allgemeinen Literatur-Zeitung« (Nr. 130, 11. November 1789) die Ankündigung einer botanischen Schrift von Christian Konrad Sprengel, und er fürchtete, dieser Botaniker könne die gleiche Entdeckung wie er gemacht haben und ihm diese streitig machen. »Beym Buchhändler Wilhelm Vieweg dem Jüngeren in Berlin erscheint zur Ostermesse 1790: Sprengels (Rektors zu Spandow) Versuch die Konstruction der Blumen zu erklären. Dieses Buch wird philosophischen Naturforschern gewiss nicht unwillkommen seyn, da es den ersten Schritt zur Erklärung eines Geheimnisses enthält, welches, selbst nach Linnés Meynung, bis jetzt noch kein Botaniker zu erklären imstande gewesen. Es wird bestehen 1) aus einer Einleitung, in welcher der Herr Verfasser seine Theorie selbst vortragen wird. 2) Aus einer Anzahl von verschiednen Blumengattungen, die er nach derselben untersucht hat. Die nötigen Zeichnungen zu diesem Werke sind nach der Natur verfertigt, und werden durch einen geschickten Künstler gestochen werden.«[27]

So nahm er sich vor, seine Entdeckung zur Ostermesse (Buchmesse in Leipzig) erscheinen zu lassen. Man sieht, auch Goethe unterlag dem Entdeckerehrgeiz. An Herzog Carl August schrieb er am 20. November 1789: »Indessen bin ich auch angespornt worden meine botanischen Ideen zu schreiben. Es hat den Schein daß ein auf Ostern angekündigtes Buch mir zuvorkommen könnte. So will ich wenigstens zugleich kommen.«[28]

Sprengels Schrift (s. Abb. S. 13) erschien erst 1793 und mit verändertem Titel. Sie bezog sich zudem auf ganz andere Entdeckungen, nämlich auf den angepaßten Bau der Blüte für die Bestäubung durch Insekten bei den sogenannten Saftblumen, die Nektarien enthalten. Sprengel begründete damit die Blütenökologie.

Der Komponist Johann Friedrich Reichardt erfuhr am 10. Dezember 1789 von Goethes intensiver Manuskriptarbeit: »Jetzt bin ich ganz in der Naturgeschichte, weil ich auf Ostern einen kleinen botanischen Versuch herausgeben will, dieser muß noch vor Neujahr fertig, auch der achte Band meiner Schriften ins reine seyn, dann soll mich nichts abhalten den famosen Conte auszustatten, daß er mit Ihnen die Reise ins gelobte Land antreten kann.«[29]

Goethe war Ende Oktober 1789 mit seiner Freundin Christiane Vulpius aus dem Haus am Frauenplan in eins der herzoglichen Jägerhäuser in der heutigen Marienstraße gezogen, wo am 25. Dezember sein Sohn August zur Welt kam. In dieser für die Arbeit am Manuskript sehr unruhigen Situation lehnte auch noch der Verleger Georg Joachim Göschen in Leipzig/Grimma, bei dem er seit 1787 seine achtbändige Gesamtausgabe herausbrachte, den Druck der naturwissenschaftlichen Schrift ab. In einem Brief vom 4. Juli 1791 an Göschen nahm Goethe auf diese Ablehnung sehr dipolomatisch Bezug: »Ich danke für die mir übersendeten Bücher und die mir in Ihrem Briefe gezeigten Gesinnungen und wünschte daß ich dagegen etwas gefälliges erzeigen könnte. Es that mir leid daß Sie den kleinen Versuch der Metamorphose ausschlugen und ich war genötigt mich nach einem andern Verleger umzusehen und Verbindungen einzugehen die ich sogleich nicht lösen kann. Wahrscheinlich werd ich in der Folge

14

ebensoviel in der Naturlehre als in der Dichtkunst arbeiten, ich habe von beyderlei Manuscripten manches vorräthig das aber erst ausgeführt und nur zur rechten Zeit ausgegeben seyn will. Auf Michael werde ich eine neue Theorie der Farben ins Publicum wagen. Ich kann Ihnen aufrichtig versichern daß ich sehr gewünscht hätte alles in Einer Hand zu sehen.«[30] Goethe hatte durch die Vermittlung des Weimarer Unternehmers Friedrich Justin Bertuch sehr rasch einen anderen Verleger in Karl Wilhelm Ettinger in Gotha gefunden. Ettingers Brief an Bertuch vom 3. Dezember 1789 hatte folgenden Wortlaut: »Ich danke Ihnen, liebster Freund, für den gütigen Verlagsantrag von Goethes Versuch über die Metamorphose der Pflanzen und die Übergänge der Natur. Ich bin bereit, das Werkchen in Verlag zu nehmen, und auch wegen der Versicherung, die Sie mir geben, daß ich künftig alles von Herrn Goethe in Verlag bekommen soll, willig, für diesen Versuch fünfzehn Reichstaler zu zahlen und ihn so wie Oeuvres de Voltaire mit lateinischen Lettern druken zu lassen. Es ist mir lieb, daß Sie als ein Kenner des Buchhandels wohl einsehen, daß bei diesem Preise kein Gewinn zu machen ist, ich rechne jetzt auf die Ehre und auf die Zukunft. Es ist ein Unterschied, in welchem Fache ein bekannter Autor schreibt, und welches Fach das stärkste Lesepublikum hat. Das Naturhistorische verhält sich zu dem Schönwissenschaftlichen wie 1 zu 3. Haben Sie übrigens die Güte und lassen mir das Manuskript bald zukommen ... Ich habe deswegen fünfzehn Reichstaler gesetzt, weil man nicht allemal Louisdor haben kann. Müssen es aber Louisdor sein, so werden sie sich auch wohl finden.«[31] Die Anspielungen auf den besseren Absatz des Schönwissenschaftlichen haben ihre Ursache. Ettinger hatte 1789 bereits eine andere Goethesche »Frucht« der italienischen Reise mit sehr gutem Absatz herausgebracht, »Das Römische Carneval«, farbig illustriert. Das Imprimaturblatt zur Metamorphoseschrift (s. Abb. S. 15) wird als handschriftliche Kostbarkeit im Weimarer Goethe- und Schiller-Archiv verwahrt.

Wie Goethe es bei der Zwischenkieferarbeit gehalten hatte, vor der Veröffentlichung den Rat und das Urteil eines Fachmannes der Jenaer Universität einzuholen, verfuhr er auch im Falle des botanischen Werkchens. Am 18. Dezember war Goethe mit der Arbeit am Manuskript so weit fortgeschritten, daß er dem ihm verbundenen Jenaer Botaniker August Johann Georg Karl Batsch, Verfasser zahlreicher naturwissenschaftlicher Lehrbücher und Abhandlungen, folgenden Brief schreiben konnte:

»Ew. Wohlgeb. sende ich den botanischen Versuch, über welchen ich mich Morgen mit Ihnen vorzüglich zu unterhalten wünschte. Ich habe ihn weder völlig endigen, noch genugsam ausarbeiten können, indeß wird er auch wie er da liegt Stoff zum Gespräch geben.

Ich wünschte Ihre Meynung:
1) Über die Idee im Ganzen und wiefern Sie damit einstimmen.
2) Über den Vortrag ob Sie ihn einleuchtend halten.
3) Wünschte ich daß Sie mir mehrere Beispiele anzeigten welche meine vorgelegte Theorie entweder einschränken oder bestätigen. Ich habe die §§ einsweilen mit Bleystift numerirt, wenn Sie bey einem oder dem andern sich etwas notiren wollten.

Das übrige mündlich.«[32]

Wie das Gespräch ausgefallen ist, wissen wir durch Goethes Brief an seinen Freund Knebel vom 22. Dezember 1789: »Ich melde dir m.l. daß es mir wohl geht und daß Batsch die Sache sehr gut aufgenommen hat. Ich habe wieder neue psychologische Erfahrungen bey dieser Gelegenheit gemacht, und sehe wohl daß der Umfang des Ganzen schwer zu dencken ist. Ich arbeite es nun aus und es mag hingehen. Die Hauptsache wird nun seyn daß ich die Idee weiter ausarbeite und durch Beyspiele und Tafeln erläutre.«[33] Der Hinweis auf die Notwendigkeit von Illustrationen ist genauso bemerkenswert wie die Andeutung, daß Batsch offenbar den völlig neuen Ansatz im botanischen Denken nicht nachvollziehen konnte. Liest man Batschens Bücher, so wird

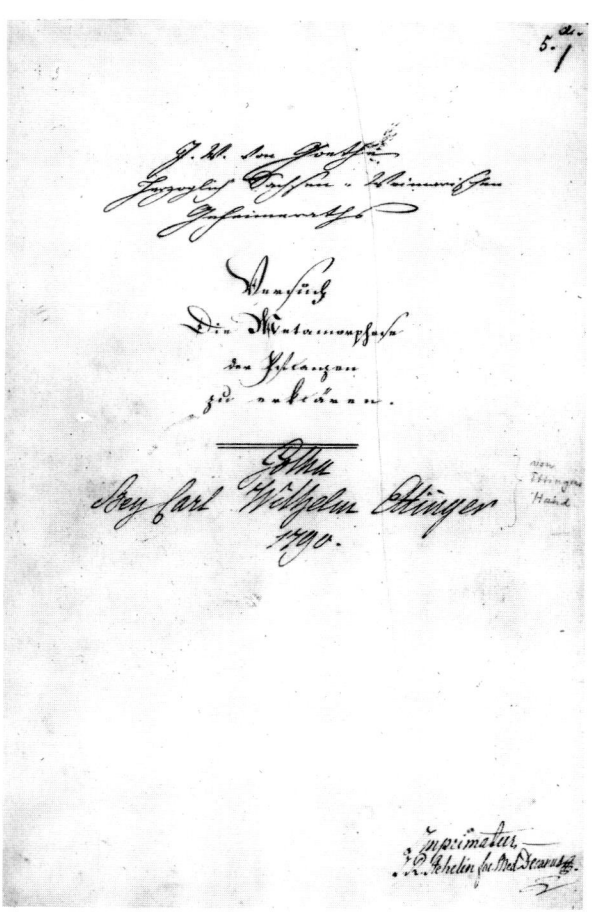

Titelblatt der Metamorphoseschrift von 1790
Imprimaturblatt mit Handschrift Goethes, des Schreibers Paul Götze (Titel) und Eintrag des Gothaer Verlegers Carl Wilhelm Ettinger
GSA
Sign.: Goethe Werke, LIV, 8

15

deutlich, daß er zu den Wissenschaftlern gehörte, die trotz aller Abweichungen in der Pflanzenorganbildung mühelos die Regel erkannten und akzeptierten, wie es die klassifizierende Methode Linnés erforderte. Das schloß nicht das getreue Sammeln von Abweichungen aus, wovon Goethe dann auch profitierte, wie die Anmerkung zum § 112 seiner Metamorphoseschrift ausweist. In dem dort zitierten Werk nennt Batsch auch sprossende Blumen. Für Abwandlungen verwendet er den Begriff »Ausartung«, beschrieben sind sie im 19. Kapitel. In seinem Werk »Botanische Bemerkungen« (1. Stück, 1791) scheint Batsch in der »Vorerinnerung« die Diskussion mit Goethe reflektiert zu haben. Der vorsichtige Beobachter und Sammler von Einzelheiten wird hier mit dem rasch aufs Ganze zielenden Benutzer und Denker in Beziehung gesetzt und somit angedeutet, was sich Goethe und Batsch wechselseitig schuldig geworden sind. Diese »Vorerinnerung« sei hier zitiert:

»Bey allem Triebe, den ich fühlen mag, die einzelnen merkwürdigen Theile meiner Wissenschaft in ein beziehendes, zusammenhängendes Ganzes, zu einer angenehmen und gesunden Nahrung für Geist und Herz, nach einer ruhigen, aber immer wachsamen Aufmerksamkeit, zu vereinigen; so muß ich die dazu nöthige Gelegenheit von meinem guten Schicksale, und die Ausführung selbst von der nothwendigen Zeit, in welcher sie reifen könnte, erwarten.

Einstweilen, glaubte ich, würde es genug seyn, wenn ich die Gelegenheit, so gut sie sich darböte, benutzte, und manche Merkwürdigkeiten der Natur, die mir eben begegneten, als Materialien für andre und für mich sammelte und bekanntmachte. Einzelne gute Gedanken könnten so vielleicht bey andern wuchern, und in glücklichen Zeitpuncten aufgenommen, in der Folge einen Gewinn geben, dessen Werth meine Arbeiten unendlich überträfe.

In dieser Absicht schrieb ich den ersten Band der Blumenzergliederungen; aber der Zusammenhang der sublunarischen Dinge, der schon oft ungleich

16

bessern Entwürfen in den Weg trat, macht es nothwendig, daß diese kostspielige Unternehmung ausgesetzt wird, – oder gar fürs Künftige unterbleibt. Ich würde lebendig todt seyn, wenn mein Bestreben überhaupt, die Natur zu erforschen und bekant zu machen, ein ähnliches Schicksal erleiden sollte; aber ich glaube nicht dieses fürchten zu dürfen. Jetzt füge ich mich in die Umstände, und suche jene Betrachtungen hier unter einer etwas veränderten Gestalt fortzusetzen.

Vielleicht ist diese Veränderung sogar zur Erreichung des Endzweckes günstiger, da ich nicht mehr genöthigt bin, bey einem Gegenstande alle Verhältnisse durchzugehen, sondern nur seine hervorstechendsten Seiten bemerken darf.

Es scheint mir noch eine Menge von Bildungen und Entwickelungen des Gewächsbaues vorhanden zu seyn, die man über die Kentniß der Arten nur eines vorübergehenden, oder gar keines Blickes würdigte; diese aufzufinden, und den vorzüglichsten Umständen nach zu bestimmen, wird der Hauptzweck dieser Bemühungen seyn, die, ihrer Natur nach, weder auf einen Schein von Gelehrsamkeit, noch auf vollständige Umfassung des sonst schon bemerkten und dahin gehörigen, Anspruch machen.

Ich werde mich freuen, wenn diese Kleinigkeit bey meiner Behandlung nicht das Gepräge ihrer Abkunft, ihres Zusammenhanges mit dem erhabenen und großen Ganzen der Natur, verlohren haben, und wenn sie auf diese Art, auch ohne nur auf meinen guten Willen zu sehen, einige Aufmerksamkeit verdienen können.«[34]

Im Juni 1790 konnte Goethe dann sein botanisches Werkchen an Freunde verschicken, so an Knebel, worauf er im Brief an diesen vom 9. Juli 1790 Bezug nahm. Leider hatte die selbstauferlegte Eile es mit sich gebracht, daß die Publikation nicht wie beabsichtigt mit kolorierten Kupferstichen erschien und überhaupt nicht in der vorgehabten Gründlichkeit durchgearbeitet worden war. Goethe hatte deshalb den § 9 verfassen und im § 102 von den Abbildungen zweier durchgewachsener Blüten im Konjunktiv sprechen müssen. Er nahm sich vor, ein zweites Stück über die Metamorphose auszuarbeiten. Aufzeichnungen dazu sind überliefert, auch eine Reihe für die Illustration bestimmter Aquarelle. Goethe hat sogar einige Motive auf mehreren Tafeln angeordnet und verkleinert in Kupfer stechen lassen. Veröffentlicht wurden sie aus verschiedenen Gründen dennoch nicht. Kaum bekannt ist bisher, daß Goethe 4 Tafeln davon − offenbar nachträglich − in dem eigenen Exemplar des Erstdruckes anheften ließ (noch heute in Goethes Bibliothek vorhanden). Abgebildet sind eine durchgewachsene Rose von vorn und von hinten (§ 103/104, Abb. 53), Tulpenblattübergänge (§ 43/44) sowie einfache und gefüllte Primelblüten (Abb. 36). Anregungen zur Abbildung gefüllter Primelblüten könnten John Hills Darstellungen von gefüllten Blumen gegeben haben, die der schon erwähnten Abhandlung von den proliferierenden Blumen in einem Sammelband vorausgehen und zur Abhandlung gehören, »gefüllte Blumen aus einfachen zu ziehen« (Nürnberg 1766). Auf welche Weise sich die Kupferplatten aus Goethes Augen verloren haben − sie wurden erst von Carl Ruland, dem ersten Direktor des Goethe-Nationalmuseums wiederentdeckt −, bleibt ein Geheimnis. Sich um neue zu bemühen, davon scheinen Goethe andere Dinge und sicher auch die damit verbundenen Schwierigkeiten abgehalten zu haben.

Entgegen allen Plänen und Ansätzen kam es erst 1817 zu einer zweiten Publikation der Metamorphoseschrift, jetzt unter dem Haupttitel »Zur Morphologie. Erfahrung, Betrachtung, Folgerung durch Lebensereignisse verbunden«. Es ist ein Nebentitel der 1817−1824 von Goethe herausgegebenen Hefte mit dem Gesamttitel »Zur Naturwissenschaft überhaupt, besonders zur Morphologie«. Die Abhandlung heißt jetzt »Die Metamorphose der Pflanzen«. Inhaltlich ist nichts Wesentliches geändert. Abbildungen kamen auch diesmal nicht zustande, obwohl sich inzwischen noch mehr Material dazu angesammelt hatte. Von den beigefügten »Lebenser-

Durchgewachsene Rose
Kupferstich von unbekannt nach John Hill, 1768
15,5 × 10,8 cm
Aus: Hill, Tafel 5
   John Hill schrieb über dieses Phänomen: »Die Rose nähert sich öfters der Proliferation. Selten aber sehen wir diese Veränderung zur Vollkommenheit gelangen. Wenn dieses vermehrte Wachsthum zur Vollständigkeit kommt, so kommt keine Pflanze derselben an Schönheit gleich. In dem Geum, dessen in dem vorhergehenden Capitel Meldung geschehen ist, und bey der Nelke, die in dem folgenden beschrieben werden soll, ist der Stiel, welcher sich zwischen den zwo Blumen findet, nackend. Bey der Rose aber, wenn selbige vollkommen proliferierend ist, hat derselbe ein Blat von dem jungen Triebe an eben demselben Stiel.« (Hill, S. 35.) Hill gibt an, die Rose aus Deutschland erhalten zu haben mit dem stolzen Namen Rex Rosarum.
Hill bezeichnete proliferierende Blumen als zufällig, fand sie nur bei gefüllten Blumen von der Mitte aus durchgewachsen und gab als Ursache Überfluß einer besonderen Nahrung an.

17

eignissen« sei hier nur auf zwei aufmerksam gemacht, die die Wechselwirkung zwischen dem Naturforscher und dem Dichter Goethe berühren. Immerhin war es ein Gespräch über die Metamorphose der Pflanzen, das im Jahre 1794 die Dichter Goethe und Schiller einander näherkommen ließ. Goethe schildert diese für ihn folgenreiche Begebenheit unter dem Titel »Glückliches Ereignis«. Beide hatten als Ehrenmitglieder an einer Sitzung der von Batsch zur Förderung des Interesses an der Naturwissenschaft unter der studentischen Jugend gegründeten Naturforschenden Gesellschaft teilgenommen. Im zufälligen Gespräch danach stellten sie fest, daß sie übereinstimmend einen Unmut über die gerade wieder erlebte zerstückelnde Betrachtung der Natur empfanden. Es entspann sich eine Unterhaltung über die real oder nur ideell mögliche Ganzheitsbetrachtung der Natur, wobei Goethe verständlicherweise der Erfahrung das Recht einräumte und dies an seiner Metamorphoselehre demonstrierte.

Genau in diesem Jahr hatte Goethe auch zahlreiche Gelegenheiten genutzt, anderen seine Entdeckung an lebenden Beispielen zu erläutern. Sein Hausgarten in Weimar war von dem Hofgärtner Dietrich, der ihn 1785 auf der Karlsbader Reise begleitet hatte, zum botanischen Garten auf der Grundlage der natürlichen Pflanzenfamilien umgewandelt worden, um »die Entwicklung der Pflanzenorgane zu beobachten . . ., das vegetabilische Leben anschaulich bis zur höchsten Stufe der Ausbildung zu verfolgen«. Dietrich berichtet darüber in seinem Lexikon der Gärtnerei:

»Dieser Plan war im Jahr 1794 realisiert. In dem Garten des Herrn von Goethe wurden hiezu schickliche Beete abgeteilt, dann die einheimischen, auch ausländischen Gewächse, die in unserem Klima unter freiem Himmel gedeihen, angeschafft, auf die bestimmten Beete gepflanzt und in Gruppen zusammengestellt, so wie in Jussieus natürlichem System die Gruppen aufeinander folgen. Es versteht sich übrigens von selbst, daß in einem so beschränkten

18

Abnormität bei einer Futterrübe (Beta vulgaris), aufgeschnitten, innen ein Hohlraum, in dem sich grüner Blattwuchs zeigt
Aquarell von Eduard Stark, 1830
58,5 × 44,0 cm
Aus der Mappe »Zehn kolorierte Handzeichnungen zur Erläuterung der Metamorphose der Pflanzen nach Goethe«
ZB
Sign.: H, 0 : 23
Lit.: Schuster 1924, Tafel I
    Man beachte den Buchstaben a, der den Zusammenhang des grünen Wuchses im Aufschnitt und in dem Rübenteil herstellt. 1831 notierte Goethe u.a.: »Ein Wurzelblatt abwärts sich an die Rübe anschließend.« (WA II 13, S. 165, Nr. 187.)

Raum nur niedrige Sträucher und krautartige Pflanzen aufgenommen werden konnten. Manche Familien, z.B. die einheimischen Orchideen, Irideen, Liliaceen, Syngenesisten, Ranunculaceen und Rosaceen, wenn sie ihre lieblichen Blumen entfalteten, boten den gelehrten Herren von Knebel, Herder, Einsiedel, Gerning u.a., auch wohl Frauen, welche den Garten besuchten, sehr angenehme und belehrende Unterhaltung dar, besonders dann, wenn Goethe selbst zugegen war, das Umwandeln der Pflanzen erklärte und über analytische Forschung freie Vorträge hielt, die auch mir von größter Wichtigkeit waren, und ich mag jener schönen Zeit und Goethes synthetischer Lehre mit Vergnügen noch gerne gedenken.«[35]

Den Frauen zuliebe, die bei den »angenehmen und belehrenden Unterhaltungen« zugegen waren und wie Christiane mehr Verständnis für seine Poesie und das pulsierende Leben aufbrachten als für die »abstrakte Gärtnerei«, bei der die duftenden, bunten, vielgestaltigen Blumen »zu einem gespensterhaften Schemen verschwanden«, setzte Goethe – wie er später in »Schicksal der Druckschrift« erläutert – seine Metamorphoselehre in Verse um. Entstanden sind sie im Jahre 1798. Schiller veröffentlichte sie sogleich in seinem »Musen-Almanach für das Jahr 1799«. Kaum ein Leser wird sich der Wirkung dieser einprägsamen Verse verschließen. Der Anfang lautet:

Dich verwirret, Geliebte, die tausendfältige Mischung
Dieses Blumengewühls über dem Garten umher;
Viele Namen hörest du an und immer verdränget,
Mit barbarischem Klang, einer den andern im Ohr.
Alle Gestalten sind ähnlich, und keine gleichet der andern;
Und so deutet das Chor auf ein geheimes Gesetz,
Auf ein heiliges Rätsel. O, könnt' ich dir, liebliche Freundin,
Überliefern sogleich glücklich das lösende Wort!
Werdend betrachte sie nun, wie nach und nach

sich die Pflanze,
Stufenweise geführt, bildet zu Blüten und Frucht.[36]

Auf das Betrachten, das Anschauen als Voraussetzung des Erkennens hat Goethe immer wieder hingewiesen. Offenbar der vielen Fragen lästig, die man ihm seiner Metamorphoselehre wegen stellte, äußerte sich der Achtzigjährige gegenüber Kanzler von Müller am 5. Juli 1830 wie folgt: »Man darf die Grundmaxime der Metamorphose nicht allzu breit erklären wollen; zu sagen: sie sei reich und produktiv wie eine Idee, ist das Beste. Man muß lieber sie in einzelnen Beispielen verfolgen und anschauen.«[37] Um so bedauerlicher ist es, daß es ihm nicht gelang, zu seiner Lehre ein »anschauliches Kupferwerk« zu veröffentlichen, an das er allerdings inhaltlich wie von der Ausführung her hohe Anforderungen stellte und, was das letztere betraf, sich selbst nicht mehr zutraute. In der Zeit der Herausgabe seiner Morphologischen Hefte hoffte er deshalb, daß ein »einsichtiger, kräftiger, unternehmender Mann sich in den Mittelpunkt« stellen und das Werk zustande bringen möge. »Zeichner, Maler, Kupferstecher! Wie unterrichtet und kenntnisreich sind sie nicht, selbst als Botaniker zu schätzen«, stellte er im Aufsatz »Nacharbeiten und Sammlungen« (1820) weiter fest. Das trotz dieser Hoffnung bestehende Dilemma war ihm bewußt und hat ihn bis ins hohe Alter bedrängt.

Mehrere Jahre später, beim Verfolgen der botanischen Literatur, insbesondere in Hinblick auf den Metamorphosegedanken, stieß er auf einen solchen Mann, der beides vorzüglich in sich vereinte. Er würde der Wissenschaft »den größten Dienst leisten, wenn er seine Geschicklichkeit zu dem Zwecke einer bildlichen Darstellung der Pflanzenmetamorphose ernstlich hinleiten wollte«[38], so Goethe in »Wirkung dieser Schrift und weitere Entfaltung der darin vorgetragenen Idee« (1830). Gemeint war der französische Botaniker Pierre-Jean-François Turpin, der u.a. zahlreiche Zeichnungen für das unabhängig von Goethe auf die Metamorphose sich gründende

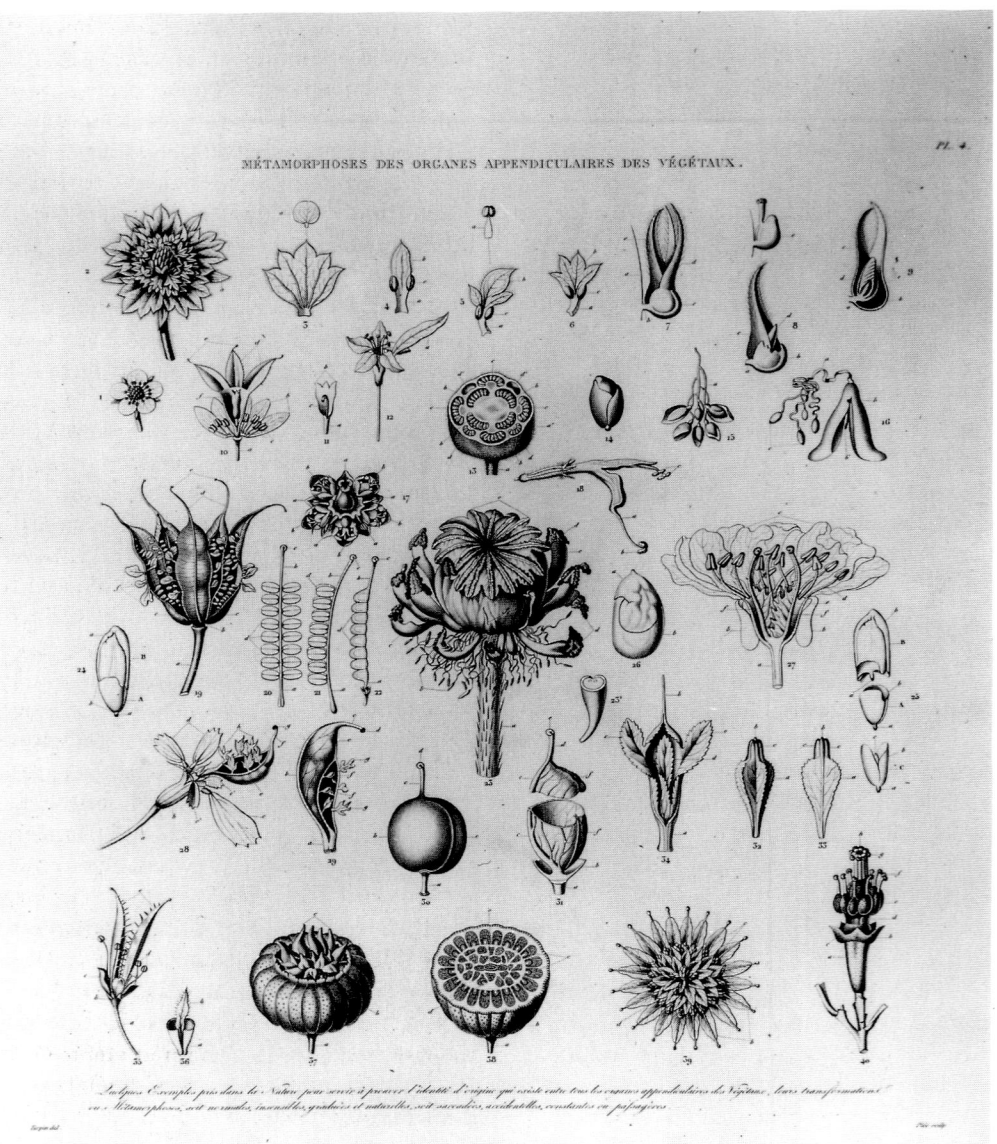

20

Illustration Turpins zu Goethes Metamorphoseschrift. Sie zeigt Beispiele aus der Natur, welche die ursprüngliche Identität beweisen sollen, die zwischen allen Organen des Pflanzensprosses, ihren Umwandlungen oder Metamorphosen existiert, seien sie normal, unauffällig, abgestuft, natürlich oder spontan, zufällig, beständig oder flüchtig.

Werk des Schweizer Botanikers August de Candolle »Organographie végétale« (Paris 1827, 2 Teile mit 60 Tafeln) geliefert hatte. Goethe war von der Fülle des dargebrachten Materials beeindruckt, als er sich während seines längeren Dornburger Aufenthaltes 1828 mit großem Interesse dem Studium dieses Werkes widmete. Er freute sich, in de Candolle bezüglich der Metamorphose einen Gleichgesinnten gefunden zu haben. Dessen Prinzip der Symmetrie jedoch, das bei der Organanordnung herrschen solle, akzeptierte Goethe nicht. Die Metamorphose sei ein höherer Begriff, er walte über dem Regelmäßigen und Unregelmäßigen. Aus dem gleichen Grund hat Goethe auch die Abwertung von Mißbildungen abgelehnt, wie sie Georg Friedrich Jäger in seinem 1814 erschienen Werk »Über die Mißbildung der Gewächse« vornahm. Goethe hatte sich 1816 das Buch beschafft und sich produktiv mit ihm auseinandergesetzt. Zahlreiche Beispiele werden in diesem Zusammenhang im Aufsatz »Nacharbeiten und Sammlungen« besprochen. Hier sei noch auf eine Kritik Goethes aufmerksam gemacht, die abermals seinen Begriff von Metamorphose charakterisiert. 1817 berichtet er über die »Entdeckung eines trefflichen Vorarbeiters«. Er war auf Caspar Friedrich Wolffs Arbeit zur Pflanzenbildung von 1759 aufmerksam gemacht worden und fand das Prinzip »Alles ist Blatt« vor. Was er aber zu kritisieren hatte, war die Einschätzung Wolffs, die Metamorphosen des Blattes führten zu dessen Verkümmerung, während Goethe sie als Steigerung des Blattorgans, als Weg zur Vollendung (in Blüte und Frucht) ansah.

Kehren wir zu de Candolles umfangreichem Tafelwerk zurück. Auch an ihm brachte Goethe Kritik an: ». . . wir wünschten sie [die Tafeln] vollständiger, . . . möglichst genau, besonders auch durch Farben charakteristisch verdeutlicht, naturgemäß methodisch aufgestellt«[38] (d.h. erst das Regelmäßige, dann das Unregelmäßige). Der Forderung nach Farbe hatte sich Goethe von Anfang an gestellt — man sehe nur die frühesten Abbildungen zur Keimung. Gerade die Farbigkeit in dem überlieferten Bildma-

21

terial macht den Reiz — auch den ästhetischen — und die Deutlichkeit aus. Wie konnte das auch bei dem Farbenforscher, zu dem er sich seit der Italienreise entwickelte, anders sein. Als Beispiel für die de Candolleschen Tafeln ist die Darstellung eines Blattes von Bryophyllum calycinum mit Brutknospen abgebildet (Abb. S. 24). Goethe nannte diese Pflanze — er hatte sie mit ihrer außerordentlichen Produktivität 1818 in der Orangerie in Belvedere entdeckt — die pantheistische Pflanze. Sie war ihm ein Symbol für Gott = Natur, Gott = Produktivität, sie feierte für ihn »den Triumph der Metamorphose im Offenbaren«. Er hat sie jahrelang gezüchtet und beobachtet, anderen sein Interesse und die Freude an ihr weitergegeben. Eine Monographie über sie war in Arbeit, sicher hätte Goethe ihr eine Abbildung beigefügt. Doch de Candolle war ihm zuvorgekommen. 1828 erlebte er eine ähnliche Produktivität, ja »Unverwüstlichkeit« an den Luftstolonen beim Anthericum comosum (Abb. 4).

Was Goethes Forderung an Turpin betrifft, so fand diese eine sehr interessante, wenn auch weit hinter Goethes Erwartungen zurückbleibende Realisierung. Von Turpin stammen 3 Zeichnungen zu Goethes »Metamorphose der Pflanzen«, die als Stiche in einem Atlas zusammen mit anderem Bildwerk erschienen. Dieser Atlas gehört zu einem Textband mit naturwissenschaftlichen Arbeiten Goethes, den Chr. Fr. Martins 1837 unter dem Titel »Oeuvres d'histoire naturelle« herausgab (Abb. 5—6 und S. 20). Tafel 3 zeigt Turpins Versuch, die Hauptgedanken in Goethes Metamorphoseschrift zu demonstrieren. Sie trägt den Titel »Végétale Type, Ideal, Appendiculé« (idealer Pflanzentypus) und ist bereits 1804 entstanden. Die Darstellung wird oft als eine bildliche Umsetzung von Goethes »Urpflanze« mißverstanden, was sie aber keineswegs sein soll. Von Goethe ist übrigens auch keine Darstellung der Urpflanze überliefert. Tafel 4 bringt 40 Beispiele für die »ursprüngliche Identität der Pflanzenorgane«, Tafel 5, die Turpin als Illustration zum ersten Satz des § 103 schuf, zeigt eine durchgewach-

22

Früchte der Gartenbohne (Phaseolus vulgaris), an denen die Spiraltendenz vorwaltet
Aquarell von Eduard Stark, 1830
45,0 × 29,3 cm
Aus der Mappe »Zehn kolorierte Handzeichnungen zur Erläuterung der Metamorphose der Pflanzen nach Goethe« ZB
Sign.: H, 0 : 23
Lit.: Schuster 1924, Tafel VIII
    In einer undatierten Notiz hielt Goethe fest:
»Bei regnigem Sommer langsam wachsende Bohnen fanden sich in einer Spirale gedreht, so daß also das vorwärts strebende Prinzip gehindert war und die Spiral-Tendenz vorwaltete.« (WA II 13, S. 94, Nr. 93.)

sene Rose, und zwar an einer Centifolia. Gerade an dieser Art hatte Goethe das Phänomen nicht beobachten können. Die Vergleichsmöglichkeit mit Goethes Bildmaterial und der Darstellung von Hill (s. Abb. S. 17) wird willkommen und interessant sein.

Dieser französischen Übersetzung (ihr folgten 1842 die erste italienische, 1946 eine englische in den USA von Agnes Arber, 1959 eine schwedische mit Kommentar und Illustrationen von Rudolf Steiner, übersetzt von K.A. Thelander) war eine noch zu Lebzeiten Goethes veröffentlichte vorausgegangen, die das Interesse unter den französisch sprechenden Naturforschern an Goethes botanischer Arbeit und Denkweise bezeugt. Sie erschien 1829 in Genf und Paris, der Übersetzer war Frédéric de Gingins-Lassaraz. Dieser verwies in einem geschichtlichen Vorwort u.a. auf de Candolles Werk von 1813, in dem jener, ohne Goethes Schrift zu kennen, auf Grund seiner zahlreichen Erfahrungen die Prinzipien der Symmetrie der Organe und die Geschichte ihrer Metamorphosen entwickelt und dann 1827 in der »Organographie« vollendet habe. Von de Candolles Arbeit sei eine große Wirksamkeit ausgegangen, weniger dagegen von Goethes Schrift.

Die Übersetzung eines Werkes bedeutet für den Autor immer einen Erfolg. Goethe fühlte sich darüber hinaus aber durch sie herausgefordert. Immerhin waren seit dem Erstdruck fast 40 Jahre vergangen, die botanische Wissenschaft hatte sich weiterentwickelt, Begriffe inzwischen eine andere Bedeutung erlangt, noch dazu in einem fremden Land. Goethe fand die Übersetzung zu modern, von seinen Intentionen war viel verlorengegangen. So entstand der Plan zu einer durch ihn autorisierten Übersetzung. Gleichzeitig wollte er die Wirkung seiner Schrift, wie sie sich in zahlreichen botanischen Arbeiten anderer Naturforscher zeigte, bekanntmachen. Auch gab es eine sachliche Ergänzung zur Metamorphoselehre anzubringen, denn Ende der zwanziger Jahre hatte er durch den vielseitigen und viel jüngeren Forscher Carl Friedrich Philipp von Martius (1794—1868) ein neues Prinzip des Wachstums kennengelernt, das der Spiraltendenz. Es ließ ihn manche Phänomene, insbesondere Abnormitäten oder gar Mißbildungen, aber auch Beobachtungen am Weinstock (Abb. 7) in neuem Licht sehen. Er ordnete dieses Prinzip, das der Erfahrung entsprach, als Bereicherung in seine Lehre ein. Die meisten seiner aphoristischen Notizen dazu wurden aber nicht mehr zu seinen Lebzeiten veröffentlicht. Für die Übersetzung, die er synoptisch mit dem deutschen Text anbot, hatte er den jungen tatkräftigen Schweizer Naturwissenschaftler Friedrich Soret (1795—1865) gewonnen, der als Prinzenerzieher an den weimarischen Hof berufen worden war und seit 1823 als gern gesehener Gesprächspartner in das Haus am Frauenplan kam. Soret hatte in der Schweiz, u.a. bei de Candolle, Vorlesungen gehört. Die Realisierung des Planes bedeutete für den achtzigjährigen Goethe und für Soret eine anstrengende Kraftprobe, denn viele Sitzungen und ein großes Maß an Ausdauer waren vonnöten. 1831 erschien die Publikation mit dem Titel »Versuch über die Metamorphose der Pflanzen«, und zwar bei Cotta in Stuttgart, wie schon die Hefte zur Morphologie. Damit war die Metamorphoselehre vom Autor zum drittenmal publiziert worden, und wiederum ohne Illustrationen. Es ist wohl eine Tücke des Schicksals gewesen, daß Goethe zu spät in seiner Nähe einen geschickten Maler gefunden hat — nämlich Eduard Stark (auch als Albert Stark angeführt), der im Jahre 1830 wunderbare, detailgetreue Aquarelle von herbeigeschafften Beispielen zur Metamorphose schuf. Darunter sind solche für die regelmäßige, mehr aber noch für die unregelmäßige mit überwiegender Spiraltendenz sowie für die zufällige Metamorphose. Unglaublich monströse Bildungen sind dabei, die Goethe veranlaßten, über die Grenzen zwischen unregelmäßig und mißgebildet erneut nachzudenken (Abb. 7—13 — es ist noch ein früheres Objekt mit eingefügt — u. S. 18 und 22). Goethe schenkte diese Aquarelle Großherzogin Maria Pawlowna, die eine Förderin der Naturwissenschaften war, vielleicht in der Hoffnung, sie würden in Kupfer gesto-

chen und publiziert. Maria Pawlowna gab sie in die großherzogliche Bibliothek. Goethes Sekretär Kräuter hatte die Blätter mit dem Titel versehen: »Zehn kolorierte Handzeichnungen zur Erläuterung der Metamorphose der Pflanzen nach Goethe.« In einer Mappe liegend, blieben sie lange unbeachtet. 100 Jahre nach dem Erscheinen des Erstdruckes von 1790 würdigte man Goethe als Botaniker im Goethe-Jahrbuch durch einen Aufsatz von M. Büsgen über Goethes botanische Studien. In ihm findet sich kein Hinweis auf existierende Illustrationen. Erst mit Adolf Hansens Tafelband von 1907 und Julius Schusters Veröffentlichung der Aquarelle aus der ehemals großherzoglichen Bibliothek im Jahre 1924 begann ihre Publikation.

Leidenschaftliche Begeisterung, Mühe, unentwegte Produktivität, Enttäuschungen, Freude, Anerkennung sind Begleiter von Goethes botanischem Abenteuer gewesen. Möge jeder selbst entscheiden, ob ernst zu nehmen ist, was er am 27. Februar 1831 gegenüber Kanzler von Müller äußerte: »Ihr andren habt es gut, ihr geht in den Garten, in den Wald, beschaut harmlos Blumen und Bäume, während ich überall nur an die Metamorphosenlehre erinnert werde und mit dieser mich abquäle.«[39]

Eine Würdigung Goethes durch zeitgenössische Botaniker zeigt Abb. 14.   M.-L. Kahler

Blatt von Bryophyllum calycinum ohne und mit Brutknospen
Kupferstich von François Plée nach Jean Christophe Heyland,
1827
19,8 × 12,3 cm
Tafel 22, Fig. 1 und 2 aus Augustin de Candolles
»Organographie«, II. Teil
  Es war die erste Darstellung dieses höchst bemerkenswerten
Phänomens.

24

Zur Rezeptionsgeschichte und wissenschaftshistorischen Bedeutung der Metamorphoseschrift

»Versuch die Metamorphose der Pflanzen zu erklären« — bereits die Verwendung des griechischen Begriffs für Gestaltwandel (meta = nach, morphe = Gestalt) läßt die Darstellung eines Prozesses erwarten. Die Metamorphoseschrift war nicht nur Goethes erste naturwissenschaftliche Publikation schlechthin, sie war auch die erste Arbeit, mit der er den Gedanken der Individualentwicklung im Bereich der belebten Natur thematisierte. Bei seiner Entdeckung des menschlichen Zwischenkieferknochens im Frühjahr 1784 war er allein von der Prämisse einheitlicher Konstruktionsprinzipien der Wirbeltierskelette ausgegangen, ohne daß schon die Frage nach Entstehung, Wandel und Entwicklung der anatomischen Gegebenheiten eine entscheidende Rolle gespielt hätte. Erst seine botanischen Studien führten Goethe dazu, Gestalt und Bildung in ihrer Wechselwirkung zu beschreiben. »Ich habe . . . zu zeigen mich bemüht, daß die verschiedenen Teile der Pflanze, aus einem völlig ähnlichen Organ entspringen welches ob es gleich im Grunde immer dasselbe bleibt durch eine Progression modifiziert, und verändert wird.«[40]

Um die Hypothese von der Blattnatur der Pflanzenorgane zu beweisen, gliederte Goethe die Entwicklung der (einjährigen) Pflanzen in eine sechs Hauptabschnitte umfassende Stufenfolge. Beginnend mit der Keimung (den Kotyledonen) über die »Ausbildung der Stengelblätter von Knoten zu Knoten«, gefolgt von der Bildung des Kelches, der Krone und der Geschlechtswerkzeuge bis zur Ausbildung der Frucht wird die Pflanzenentwicklung durch den funktionsbedingten Gestaltwandel des Blattes vollzogen.

Daß dabei auch Vorstellungen von einem einheitlichen Konstruktionsprinzip der Pflanzen beteiligt waren, zeigt Goethes Annahme der Existenz einer Urpflanze, von der er erst meinte, sie realiter unter der Vielzahl der Gewächse Italiens finden zu können, die er später jedoch als ideellen Pflanzentypus verstanden wissen wollte. Im Sinne einer realgenetischen Stammform verwendete Goethe den Begriff der Urpflanze nicht.

»Die Urpflanze«, heißt es in einem Brief Goethes an Charlotte von Stein vom 8. Juni 1787 aus Italien, »wird das wunderlichste Geschöpf von der Welt über welches mich die Natur selbst beneiden soll. Mit diesem Modell und dem Schlüßel dazu, kann man alsdann noch Pflanzen ins unendliche erfinden, die konsequent seyn müßen, das heißt: die, wenn sie auch nicht existiren, doch existiren könnten und nicht etwa mahlerische oder dichterische Schatten und Scheine sind, sondern eine innerliche Wahrheit und Nothwendigkeit haben. Dasselbe Gesetz wird sich auf alles übrige lebendige anwenden laßen.«[41] Den im letzten Satz des Briefzitates angedeuteten Versuch der Anwendung dieses Gesetzes auf das Tierreich unternahm Goethe in der Tat 1790, als er einen »Vorschlag zu einem osteologischen Typus« formulierte.

Umfassende Klassifizierungsbestrebungen innerhalb der naturhistorischen Disziplinen während des 18. Jahrhunderts lenkten die Aufmerksamkeit auf den Bau der Pflanzen. Auch Karl von Linnés weitverbreitetes botanisches System stützte sich ausschließlich auf pflanzenanatomische Einteilungskriterien. Morphologische und physiologische botanische Untersuchungen, die es schon im 17. Jahrhundert gab, standen weniger im Zentrum des Interesses. Die zeitgenössischen Entwicklungstheorien orientierten sich vor allem an Erkenntnissen aus dem Bereich der Zoologie. Präformation oder Epigenese waren die sich gegenseitig ausschließenden Hypothesen, um deren Beweis die konkurrierenden Parteien rangen. Auf der Hypothese, daß alle Strukturen eines Organismus bereits im Keimstadium ausgebildet seien und sich im Laufe der Entwicklung lediglich vergrößerten, basierte die Präformationstheorie. Im Gegensatz dazu wurde von den Verfechtern der Epigenese gezeigt, daß bei der Individualentwicklung völlig neue Strukturen entstehen.

Daß die Metamorphoseschrift, immerhin das Werk eines Laien, auf das Interesse der Botaniker stieß, hatte seine Ursache wohl auch darin, daß Goethe mit seiner Naturbetrachtung zum einen jene einengende Fixierung auf die Anatomie überwand und daß er zum anderen, ohne explizit im Theorienstreit Partei zu ergreifen, unter präziser Beschreibung des Beobachteten die Pflanzenentwicklung als einen Prozeß fortschreitender Differenzierung darstellte.

Als Goethe 1817 begann, die eigenen naturwissenschaftlichen Arbeiten in einer Schriftenreihe zusammen mit methodologischen und philosophischen Überlegungen sowie mit Beiträgen anderer Autoren zu publizieren, hatte seine Programmatik von einer Wissenschaft der Gestalt und ihres Wandels feste Konturen angenommen. Schon 1807 hatte er notiert: »Morphologie. Ruht auf der Überzeugung daß alles was sei sich auch andeuten und zeigen müsse. Von den ersten physischen und chemischen Elementen an, bis zur geistigsten Äußerung des Menschen lassen wir diesen Grundsatz gelten. [–] Wir wenden uns gleich zu dem was Gestalt hat. Das unorganische, das vegetative, das animale das menschliche deutet sich alles selbst an, es erscheint als das was es ist unserm äußern unserm innern Sinn. [–] Die Gestalt ist ein bewegliches, ein werdendes, ein vergehendes. Gestaltenlehre ist Verwandlungslehre. Die Lehre der Metamorphose ist der Schlüssel zu allen Zeichen der Natur.«[42] Gestalt ist also für Goethe die Verschmelzung von reellem Abbild und einem geistigen Urteil über die wahrgenommene Erscheinung.[43]

Innerhalb der Reihe der Morphologischen Hefte veröffentlichte Goethe »Die Metamorphose der Pflanzen« zum zweiten Mal. Hier berichtete er auch von der mangelnden Akzeptanz seiner Arbeit, deren Ursache er auf seinen Laienstatus zurückführte. »Das Publikum stutzte: denn nach seinem Wunsch sich gut und gleichförmig bedient zu sehen, verlangt es an jeden daß er in seinem Fache bleibe . . . Daher will man daß ein Talent . . . aus seinem Kreise sich nicht entferne . . . Wagt es einer, so weiß man ihm keinen Dank, ja man gewährt ihm, wenn er es auch recht macht, keinen besondern Beifall.«[44] Ein seltsamer Fall geistreichen Mißverständnisses war der eines wohlmeinenden »römischen Kunstfreundes«, der die verborgene Absicht des Autors in einer künstlerischen Anleitung für die phantasievolle Erfindung floraler Ornamente erkannt zu haben glaubte.

Nicht ohne Selbstironie beklagte Goethe das erlebte Unverständnis gegenüber seinen Intentionen. »Zu meiner Art mich auszudrücken wollte sich niemand bequemen. Es ist die größte Qual nicht verstanden zu werden, wenn man nach großer Bemühung und Anstrengung, sich endlich selbst und die Sache zu verstehn glaubt; es treibt zum Wahnsinn den Irrtum immer wiederholen zu hören aus dem man sich mit Not gerettet hat . . .«[45] In seiner Rückschau auf das »Schicksal der Druckschrift« aus dem Jahre 1817 (ebenfalls in den Morphologischen Heften) nennt Goethe nur eine einzige Rezension, und zwar in den »Göttingischen Anzeigen von gelehrten Sachen« vom Februar 1791.

Nach all dem könnte der Eindruck entstehen, die Metamorphoseschrift hätte vor allem Ablehnung oder kritisch distanzierte Urteile hervorgerufen. Das mag für erste Meinungen aus Goethes näherem Umfeld zugetroffen haben. Im Verlaufe der weiteren Rezeption jedoch hat sowohl der berühmte Name des Autors als auch die durch ihn initiierte Überwindung tradierter Wissenschaftsmethodik zu einer breiten, nicht ausschließlich positiven, wohl aber immer produktiven Resonanz geführt. Methodik, Gehalt und Wirkung der »Metamorphose der Pflanzen« – diesen verkürzten Titel wählte Goethe 1817 – wie seiner naturwissenschaftlichen Arbeiten überhaupt wurden zu Gegenständen einer fast unüberschaubaren Anzahl von Erörterungen. Die Spannbreite der Urteile entspricht der Vielzahl der Urteilenden und reicht vom Vorwurf des Plagiates Linnéscher oder Batschscher Ideen bis zu unkritischer Verehrung aller von Goethe herrührenden Anschauungen.

Einer der Goethegegner war der Botaniker Karl Schimper (1803–1867), der gegen Goethe postum (1850) mit einem albernen Schmähgedicht zu Felde zog. Schimper warf Goethe vor, die Metamorphoseidee von Batsch gestohlen zu haben:

Gestohlen hat er rings (o Batsch!-) und ignorirt,
Sich eingemengt, ja gleich sich selbst nur excerpirt!
So frech war Keiner noch, er war Original

26

So groß zu seyn, so klein, so letzendfrisch und schal!
Gewiß war Göthe groß, allein er war ein Dieb,
Ein Gauner und ein Narr, der Mummereien trieb.
Durch Unverschämtheit ist Verblendung ihm ge-
glückt;
Wie hat er unsern Batsch, den großen unterdrückt![46]

Doch kehren wir zunächst zu der von Goethe selbst reflektierten Wirkungsgeschichte zurück. 1820 erschien das zweite Heft des ersten Bandes morphologischer Texte, und erst hier korrigierte Goethe das Bild von der ungünstigen Aufnahme seiner botanischen Arbeit und zitierte die seiner Aufmerksamkeit bis dahin entgangenen günstigen Urteile und Rezensionen. Wissenschaftler wie der berühmte französische Botaniker Antoine Laurent de Jussieu (1748–1836) und Carl Ludwig Willdenow (1756–1812) aus Berlin erwähnten in ihren Werken Goethes Abhandlung. Willdenow hatte geschrieben: »Das Leben der Pflanze ist also, wie Herr Goethe ganz artig sagt, ein Ausdehnen und Zusammenziehen, und jene Abwechselungen machen die verschiedenen Perioden des Lebens aus.«[47] Goethe, sonst selbst in der Rolle desjenigen, der Noten für artige Leistungen anderer verteilte, ließ sich die Bewertung gern gefallen, besonders wegen »der ehrenvollen Stelle wo das Zitat steht«[48]. In der dritten Veröffentlichung der »Metamorphose der Pflanzen«, der deutsch-französischen Ausgabe von 1831, zitierte Goethe weitere Äußerungen zur Wirkung der Schrift von ihrer Entstehungszeit bis 1830, von denen im folgenden einige wiedergegeben werden.

Der Botaniker August Johann Georg Karl Batsch (1761–1802), dessen akademische Laufbahn als Professor für Naturgeschichte und Direktor des neugegründeten Botanischen Gartens in Jena Goethe maßgeblich förderte, bekam als erster Fachmann die Metamorphoseschrift vorgelegt. Goethe übersandte ihm sein Manuskript vor der Drucklegung am 18. Dezember 1789 mit der Bitte um Durchsicht und Beurteilung (s. S. 15). Batsch sah keinen Anlaß für eine wesentliche Kritik: »Es blieb mir nichts übrig, als einige kleine Versehen des Abschreibers zu verbessern, und ich berufe mich auf das, was ich bereits mündlich darüber zu sagen die Ehre hatte. Jede Hauptänderung würde diesem so sehr im Zusammenhang gedachten Aufsatze nachteilig sein . . .«[49]

1830 charakterisierte Goethe dieses Urteil als wohl eigen, aber nicht ungeneigt. »Doch scheint die Idee auf den Gang seiner [Batschs] Studien keinen Einfluß gehabt zu haben, ob er sich schon hauptsächlich beschäftigte das Pflanzenreich in Familien zu sondern und zu ordnen.«[50] Im akademischen Milieu des nahegelegenen Universitätsstädchens Jena boten sich Goethe noch weitere Gelegenheiten, ganz direkt und in der persönlichen Begegnung den Wirkungen seiner botanischen Arbeit nachzuspüren. Der Mediziner Johann Christian Stark (1753–1811) hielt in den neunziger Jahren Vorlesungen zur Metamorphoselehre, denn, so hob Goethe hervor, »seinem Scharfsinn . . . blieb das Vorteilhafte meiner Ansichten keineswegs verborgen«[51].

Zustimmende Aufnahme fand Goethes Metamorphoseschrift auch bei Franz Joseph Schelver (1778–1832), einem Anhänger der Schellingschen Naturphilosophie, der von 1803 bis 1806 als Professor für Botanik in Jena tätig war. Schelver erregte einiges Aufsehen dadurch, daß er die Geschlechtlichkeit der Pflanzen in Frage stellte. Er vermutete in Goethes Äußerung »so sind wir nicht abgeneigt, die Verbindung der beiden Geschlechter eine geistige Anastomose zu nennen« (Metamorphose, § 63) eine Nähe zu seiner eigenen Auffassung, zu der sich Goethe dann nach anfänglicher Distanziertheit in dem stark naturphilosophisch ausgerichteten Aufsatz von 1820 »Verstäubung, Verdunstung, Vertropfung«[52] auch vorsichtig bekannte. Neben anderen konnte Goethe auf so namhafte Botaniker wie Christian Gottfried Nees von Esenbeck (1776–1858) oder Heinrich Friedrich Link (1767–1851) verweisen, die aufmerksamen Anteil an seiner Metamorphoselehre nahmen. Die Zeugnisse zur Rezeption, die er selbst anführte, reichen bis in das Jahr 1830

(Heinrich Gottlieb Ludwig Reichenbach, J.P. Vaucher, Pierre-Jean-François Turpin).

Es würde den Rahmen dieses Bandes sprengen, die weitere Rezeptionsgeschichte der Metamorphoseschrift von 1832 bis zur Gegenwart umfassend nachzeichnen zu wollen. Am Beispiel einiger wichtiger Autoren aus der Vielzahl derer, die sich mit Goethes morphologischen Arbeiten und insbesondere mit seiner Metamorphoselehre auseinandersetzten, soll gezeigt werden, daß diese Rezeptionsgeschichte auch ein Spiegel der Entwicklung botanischer Wissenschaft selbst ist.

Wurden zu Lebzeiten Goethes vor allem die konkreten Beobachtungen und Schlußfolgerungen der Abhandlung diskutiert, so rückten, seit Charles Darwin mit seiner Arbeit »The origin of species by means of natural selection« (Die Entstehung der Arten durch natürliche Zuchtwahl) 1859 die Grundlagen zu einer Evolutionstheorie geschaffen hatte, die entwicklungsgeschichtlichen Aspekte Goethescher Morphologie wiederholt in das Zentrum der Erörterungen. Die wachsende Bedeutung der Morphologie als eine der grundlegenden biologischen Teilwissenschaften zog die intensive Auseinandersetzung mit der morphologischen Methodik nach sich. Heute bildet, nicht zuletzt in Anbetracht des enormen Kenntniszuwachses im Bereich der Naturwissenschaften, der auch die Biologie in zahlreiche Disziplinen aufspaltete, die Diskussion um Goethes ganzheitliche Naturauffassung ein wichtiges rezeptionsgeschichtliches Moment.

Unter den deutschen Naturforschern der zweiten Hälfte des 19. Jahrhunderts war es Ernst Haeckel (1834–1919), der vehement für die Verbreitung, Popularisierung und Weiterentwicklung Darwinscher Evolutionsgedanken eintrat und der in Goethe einen der Väter dieser Vorstellungen sah. Darwin selbst lieferte dazu den Anlaß. Er erwähnte Goethe im »Ursprung der Arten« mehrfach. Einmal, indem er ihn zusammen mit Jean Baptiste Lamarck (1744–1829) und seinem Großvater Erasmus Darwin (1731–1802) in die Reihe seiner Vorgänger stell-

28

te, zum anderen, indem er Goethe und Geoffroy St. Hilaire (1772–1844) als Autoren des Kompensationsgesetzes nannte.

Haeckel, von Jugend an mit den Goetheschen Schriften vertraut, würdigte an zahlreichen Stellen seines eigenen Werks Goethes morphologische Arbeiten. Bei allem Entwicklungsdenken, das Goethe zugestanden werden muß, entsprach Haeckels Deutung seiner Typusvorstellungen (Urpflanze, osteologischer Typus) als stammesgeschichtliche Ausgangsformen nicht den wirklichen Gegebenheiten. Für Goethe stellte der Typus das ideelle, von allem Speziellen abstrahierte Bild allgemeiner pflanzlicher oder tierischer Gestalt dar. Haeckel jedoch gehörte zu denen, die die Diskussion um Goethes Stellung zur Deszendenztheorie einleiteten. Besonders eine Äußerung aus Goethes Aufsatz »Der Verfasser teilt die Geschichte seiner botanischen Studien mit« wurde immer wieder zitiert, um Goethes Vorreiterrolle für deszendenztheoretische Ansichten hervorzuheben: »Das Wechselhafte der Pflanzengestalten, dem ich längst auf seinem eigentümlichen Gange gefolgt, erweckte nun bei mir immermehr die Vorstellung: die uns umgebenden Pflanzenformen seien nicht ursprünglich determiniert und festgestellt, ihnen sei vielmehr, bei einer eigensinnigen, generischen und spezifischen Hartnäckigkeit, eine glückliche Mobilität und Biegsamkeit verliehen, um so vielen Bedingungen, die über dem Erdkreis auf sie einwirken, sich zu fügen und danach bilden und umbilden zu können.«[53] Goethes Bewertung der beobachteten pflanzlichen Variabilität, wie er sie klima- und umweltabhängig bereits 1786 beim Übergang über die Alpen wahrgenommen hatte, ist hier eher teleologisch und tendiert in die Richtung Lamarckscher Vorstellungen. Unumstritten ist, daß Goethe die Gegebenheiten in der belebten und unbelebten Natur als Resultate natürlichen Wandels betrachtete. Besonders im Bereich der Geologie richtete sich seine Fragestellung auf die erdgestaltenden Abläufe, die Morphologie jedoch betrifft die Gesetze der Ontogenese (Individualentwicklung).

Neue Möglichkeiten für die Forschung ergaben sich, als nach dem Tode des letzten Goethe-Enkels, Walther von Goethe, im April 1885 der Nachlaß des Dichters testamentarisch dem weimarischen Staate bzw. der großherzoglichen Familie zufiel. Der gesamte handschriftliche Nachlaß Goethes wurde Großherzogin Sophie von Sachsen-Weimar-Eisenach überantwortet. Sie verfügte den Bau eines eigens für diesen Nachlaß bestimmten Archivgebäudes und veranlaßte die Edition einer kommentierten historisch-kritischen Gesamtausgabe der Goetheschen Werke, Briefe und Tagebücher (der sogenannten Weimarer Ausgabe), die zwischen 1887 und 1919 erschien und 143 Bände umfaßt. Die morphologischen Texte, deren Edition Rudolf Steiner besorgte, bilden mit den übrigen naturwissenschaftlichen Schriften (Farbenlehre, Geologie, allgemeine Naturlehre) die zweite Abteilung der Ausgabe. In dem Bemühen, das Wesen von Goethes Naturanschauung so wiederzugeben, wie er es erkannt zu haben glaubte, verlieh Steiner den Morphologiebänden ein eigenwilliges Gepräge. Er wich bei der Textanordnung von den herausgeberischen Prinzipien ab, die sich an der Ausgabe letzter Hand orientierten bzw. für andernorts Veröffentlichtes eine chronologische Folge anstrebten. Solche interpretatorischen Eingriffe schadeten der Edition mehr, als sie das Werkverständnis förderten. Wohl waren die morphologischen Arbeiten jetzt umfangreicher als je verfügbar, aber Goethes eigene absichtsvolle Anordnung konnte der Leser nicht mehr nachvollziehen.

Mit der Gründung des Goethe-Nationalmuseums 1885 wurde die institutionelle Voraussetzung für die Betreuung des gegenständlichen Nachlasses geschaffen. Die seit Goethes Tod unter Verschluß gehaltenen Sammlungen waren erstmals wissenschaftlicher Bearbeitung zugänglich. Um Goethes botanische Schriften im Original zu lesen, begab sich der auf dem Gebiet der Pflanzenphysiologie tätige Botaniker Adolf Hansen (1851–1920) 1904 nach Weimar. Als Resultat seiner Studien, die eine erste Sichtung der botanischen Sammlungen einschlossen, gewann Hansen die Erkenntnis, »daß Goethes Metamorphose eine wissenschaftliche Leistung ersten Ranges« sei, »die ihrer Zeit weit voreilend, erst heute im Zusammenhang mit unserer Wissenschaft richtig gewürdigt werden« könne: »Sie war die erste umfassende Hypothese, die die Botanik zu einer planvollen Wissenschaft gestaltet und sie von bloßem Herumtasten, von falschen Vergleichen und anderen logischen Kinderschuhen befreite. Die mit Goethe beginnende Periode der Botanik verhält sich zur voraufgehenden Linnéschen, etwa wie die Chemie zur Alchymie.«[54]

Die etwas überschwengliche Würdigung ist vor dem Hintergrund erheblich angewachsener morphologischer Kenntnisse zu sehen. Goethes Beschreibung pflanzlicher Differenzierungen hatte auf rein makroskopischen Beobachtungen beruht. Die technisch verbesserte Mikroskopie gestattete es, die Entwicklungsprozesse auf zellulärer Ebene zu verfolgen. Der Verlauf der Gewebedifferenzierung bestätigte im wesentlichen Goethes Beobachtungsergebnisse. Hansen führte in seinem Buch eine Reihe weiterer Metamorphosebeispiele an – u.a. auch Wurzelmetamorphosen, mit denen sich Goethe nicht befaßt hatte – und erörterte darüber hinaus weitläufig die wissenschaftshistorische Einordnung der Goetheschen Leistung. Bevor eine synthetische Evolutionstheorie und genetische Erkenntnisse entscheidend zur Aufklärung stammesgeschichtlicher Zusammenhänge beitragen konnten, waren es vor allem vergleichende morphologische Untersuchungen, die wichtige Grundlagen zur Ausarbeitung natürlicher Systeme lieferten und die auch heute noch unerläßlich sind, die verwandtschaftlichen Beziehungen der Lebewesen zu erhellen.

Wilhelm Troll (1887–1978) sah Goethes Verdienste darin, die organische Mannigfaltigkeit auf einen Typus zurückgeführt zu haben, der, als Grundbauplan verstanden, die Voraussetzung für den morphologischen Vergleich bildet.

Zu den interessantesten rezeptionsgeschichtlichen Erörterungen gehören die vielfältigen und kontroversen Diskussionen um Goethes Wissenschaftsmethodik. Dem Naturwissenschaftler unserer Zeit, der darauf bedacht ist, seine Untersuchungen reproduzierbar zu gestalten und von aller Subjektivität zu befreien, erscheint die für Goethe so bezeichnende Verbindung zwischen Intuition und Empirie methodisch fragwürdig. Goethe war sich der Problematik solcherart »anschauender Urteilskraft« durchaus bewußt und schaffte sich sein eigenes Reglement, um der Gefahr von Vorurteilen zu entgehen: »So soll den echten Botaniker weder die Schönheit noch die Nutzbarkeit der Pflanzen rühren, er soll ihre Bildung, ihr Verhältnis zu dem übrigen Pflanzenreiche untersuchen; und wie sie alle von der Sonne hervorgelockt und beschienen werden, so soll er mit einem gleichen ruhigen Blicke sie alle ansehen und übersehen, und den Maßstab zu dieser Erkenntnis, die Data der Beurteilung nicht aus sich, sondern aus dem Kreise der Dinge nehmen die er beobachtet.«[55]

Daß Goethe trotzdem immer wieder der Gefahr des Vorurteils erlag, dafür bietet wohl die Farbenlehre das beredteste Beispiel. Auch in seinen botanischen Arbeiten gibt es fragwürdige Deutungen, die nicht dem zeitgenössischen Wissensstand, sondern der subjektiven Sicht Goethes geschuldet sind (s. Abb. 44). Andererseits war es gerade immer wieder die Intuition, der vermeintlich spontane Einfall, »das Aperçu«, die es Goethe ermöglichte, die ausgetretenen Pfade der Naturbetrachtung zu verlassen und neue Wege zu beschreiten. An Karl Caesar von Leonhard schrieb er dazu am 12. Oktober 1807: »Um manches Mißverständniß zu vermeiden, sollte ich freylich vor allen Dingen erklären, daß meine Art, die Gegenstände der Natur anzusehen und zu behandeln von dem Ganzen zu dem Einzelnen, vom Total-Eindruck zur Beobachtung der Theile fortschreitet, und daß ich mir dabey recht wohl bewußt bin, wie diese Art der Naturforschung, so gut als die entgegengesetzte, gewissen Eigenheiten, ja wohl gar gewissen Vorurtheilen unterworfen sey.«[56]

G. Maul

Anmerkungen

1 WA IV 9, S. 213.
2 WA I 1, S. 325.
3 WA I 33, S. 195 f.
4 WA IV 9, S. 183.
5 LA I 10, S. 320.
6 Ebenda.
7 LA I 10, S. 320.
8 LA I 9, S. 223.
9 LA I 10, S. 323.
10 LA I 10, S. 330.
11 WA IV 5, S. 347 f.
12 Herder, Ideen zur Philosophie der Geschichte der Menschheit. Berlin und Weimar 1965, Band 1, S. 52.
13 WA IV 7, S. 24.
14 WA IV 7, S. 63 f.
15 LA I 10, S. 325.
16 WA IV 7, S. 106.
17 WA IV 7, S. 240 und 242.
18 LA I 9, S. 161 und LA II 9 A, S. 474.
19 WA III 1, S. 237 f. und 239.
20 WA IV 8, S. 203 und 204.
21 WA I 31, S. 75.
22 WA I 31, S. 105.
23 WA I 31, S. 147 f.
24 WA IV 8, S. 232 f.
25 LA II 9 A, S. 58.
26 WA IV 8, S. 268 f.
27 WA IV 9, S. 358.
28 WA IV 9, S. 163.
29 WA IV 9, S. 165.
30 WA IV 9, S. 276.
31 Schuster 1924, S. 95.
32 WA IV 9, S. 169.
33 WA IV 9, S. 170.
34 Batsch, S. III–VI.
35 Dietrich, S. 15 f.
36 LA I 9, S. 67.
37 Grumach, S. 197.
38 LA I 10, S. 310 f. (dort auch das folgende Zitat).
39 Grumach, S. 203.
40 Goethe, Metamorphose der Pflanzen. Zweiter Versuch; LA I 10, S. 67.
41 WA IV 8, S. 232 f.
42 LA I 10, S. 128.
43 Goethes Vorstellungen von der Gestalt und davon, was eine Gestaltenlehre (Morphologie) zu leisten hat, sind sehr komplex, sie weichen zudem von dem Morphologiebegriff der heutigen Biologie ab, die sich im allgemeinen auf die Darstellung dessen beschränkt hat, was, wie Goethe es formuliert, unserem äußeren Sinn erscheint; darüber Hinausgehendes wird an die vergleichende oder funktionelle Morphologie verwiesen. Die Morphologie Goethes beruht dagegen wohl eher auf einer ganzheitlichen oder zumindest umfassenderen Gestaltwahrnehmung, wie der Hinweis auf die Teilnahme unseres »innern Sinnes« andeutet.
44 LA I 9, S. 64.
45 LA I 9, S. 70.
46 Zitiert nach Schmid 1940, S. 192.
47 LA I 9, S. 103 (nach: Willdenow, Grundriß der Kräuterkunde, Berlin 1792).
48 LA I 9, S. 103.
49 Batsch an Goethe, 19. Januar 1790; zitiert nach: LA II 9 A, S. 389.
50 LA I 10, S. 297.
51 LA I 10, S. 298.
52 Vgl. LA I 9, S. 210 ff.
53 LA I 10, S. 333.
54 Hansen 1907, S. VIII.
55 Der Versuch als Vermittler von Objekt und Subjekt (1793); LA I 8, S. 305.
56 WA IV 19, S. 433.

33

Durchwachsene Wolke
H.

34

Anthericum comosum.

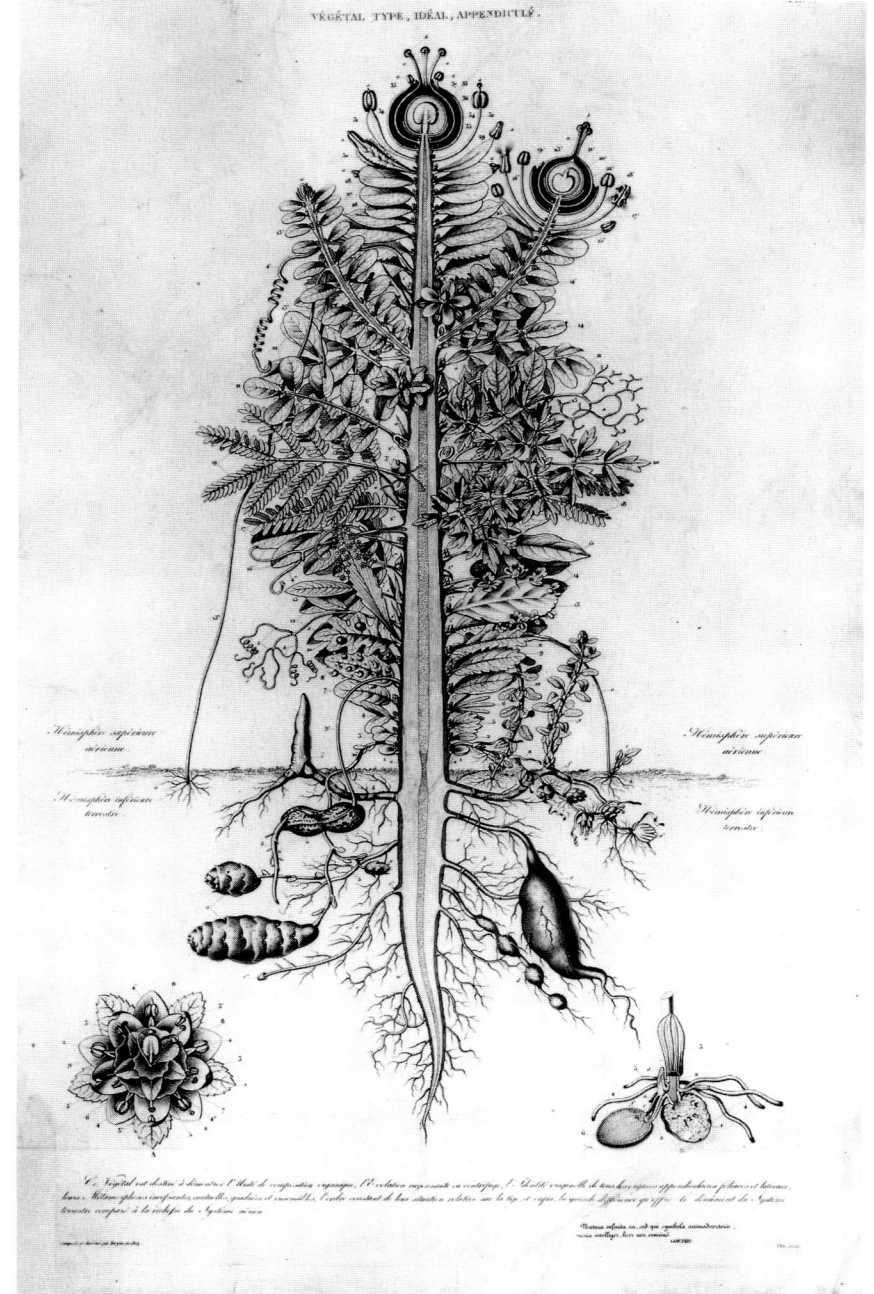

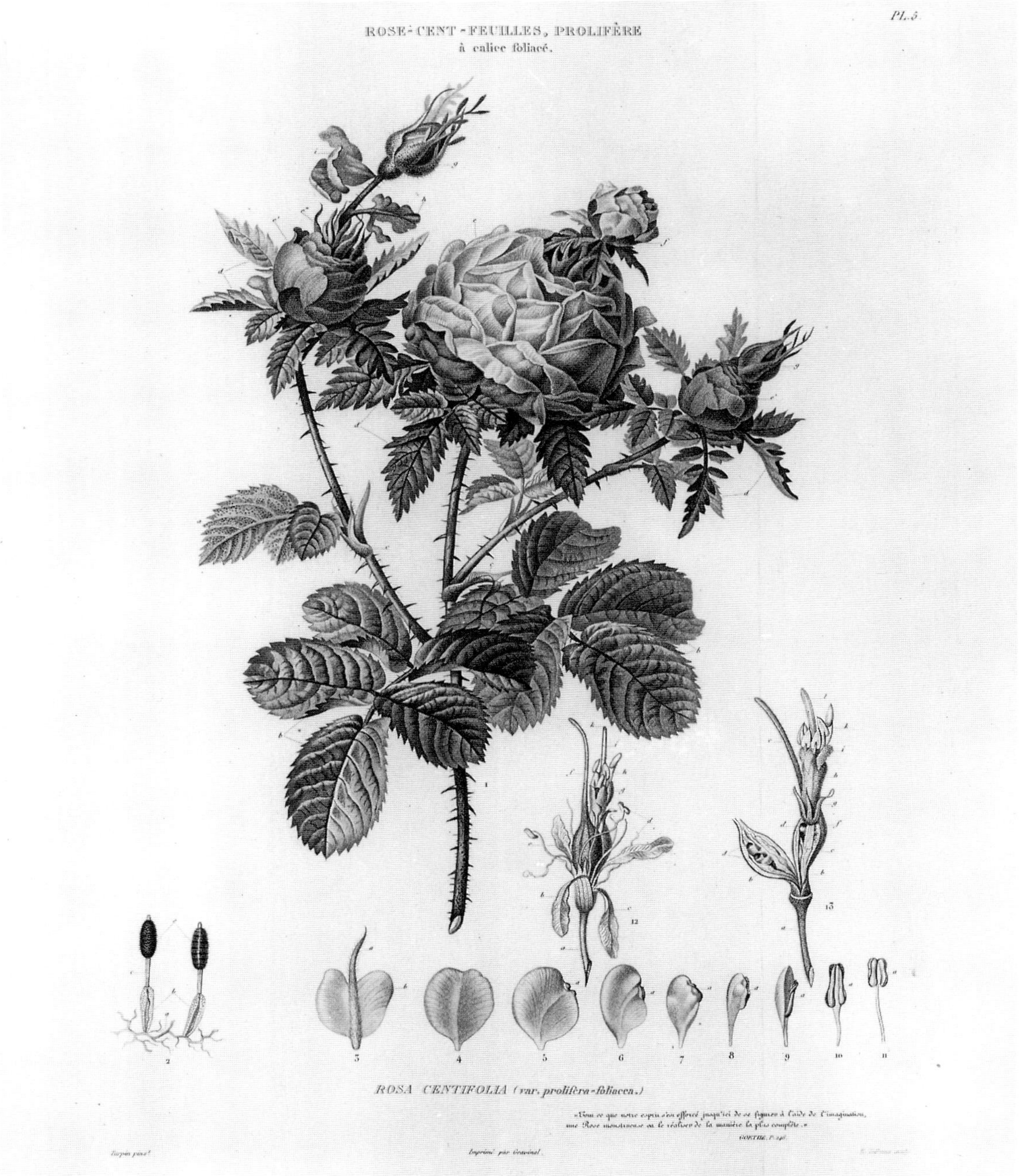

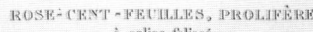

Pl. 3.

ROSE-CENT-FEUILLES, PROLIFÈRE
à calice foliacé.

ROSA CENTIFOLIA (var. prolifera-foliacea.)

«Nous ne que notre copie s'en efforcé jusqu'ici de ce figures à l'aide de l'imagination,
une Rose monstrueuse en le résoudre de la manière la plus complète.»

GOETHE, P. 246.

Turpin pinxt.   Imprimé par Graminal.   E. Laforme sculp.

38

8 Abnormes Kohlblatt
 9 Durchgewachsener Pomeranzenkürbis
10 Monströse Weberkarde
11 Monströser Baldrian, mit Blüten

40

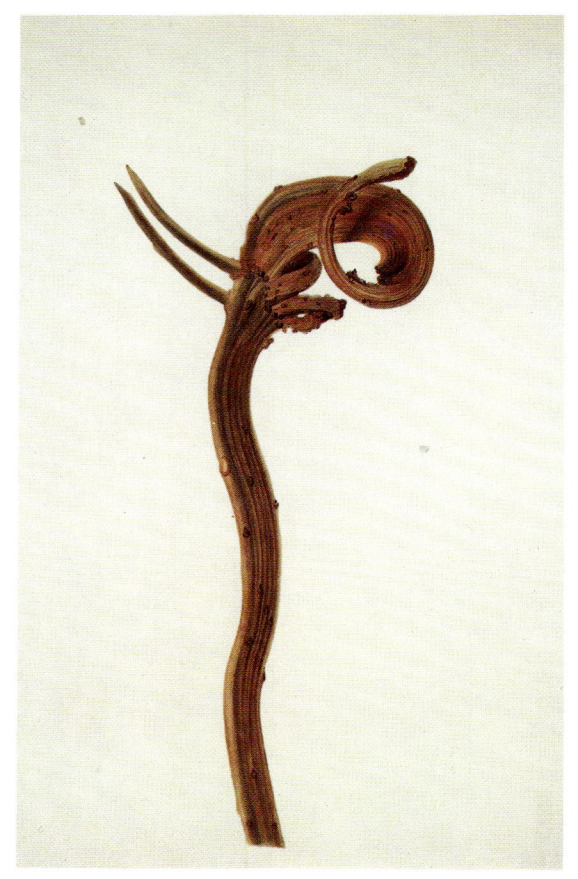

12 *Monströser Baldrian*
13 *Monströser Eschenzweig*
14 *Goethea semperflorens*

42

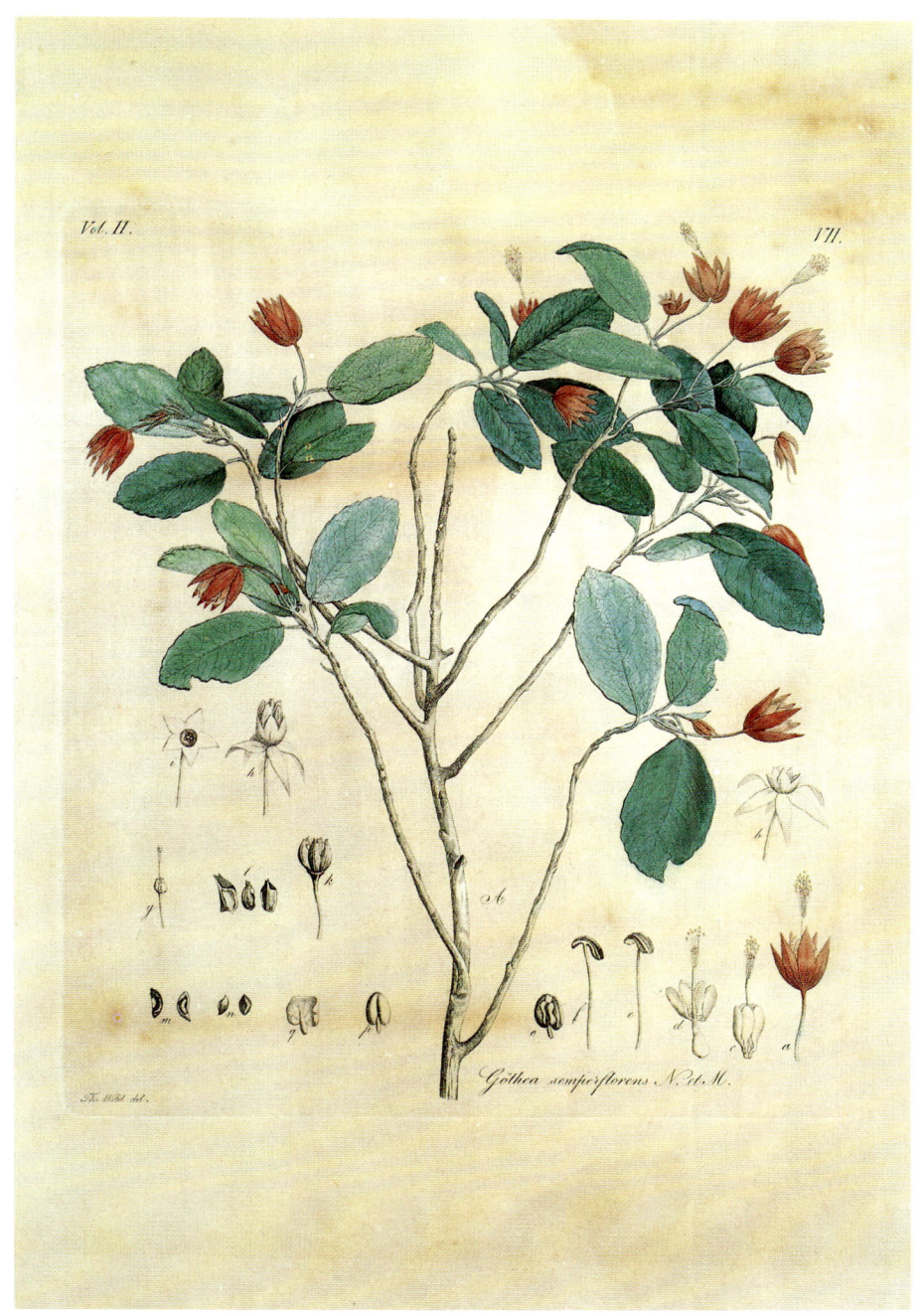

Göthea semperflorens N. et M.

43

Nelumbium speciosum aus Indien, Persien und China 13. Klasse 6. Orde wird blühe von June .... vom 14.ten bis den 20.ten Juli 1831.

15 *Lotosblüte (linke Seite)*
16/17 *Gefüllte Tulpe in zwei Ansichten*
18 *Rosengalle*

45

19 Keimpflanzen des Mais (linke Seite)
20/21 Keimpflanzen der Gartenbohne
22 Keimpflanze des Kürbis

47

48

23/24 *Keimpflanzen der Wicke*
25 *Keimpflanzen der Erbse (links unten)*
26 *Keimpflanze der Kapuzinerkresse*
27/29 *Samen und keimender Samen der Riesenhülse (auch*
Meerbohne)

50

53

54

CANNA indica.

55

39 Gladiole und Blütenblatt der Federnelke
40 Winde
41 Rosenblätter
42 Schwarzkümmel (rechts)

56

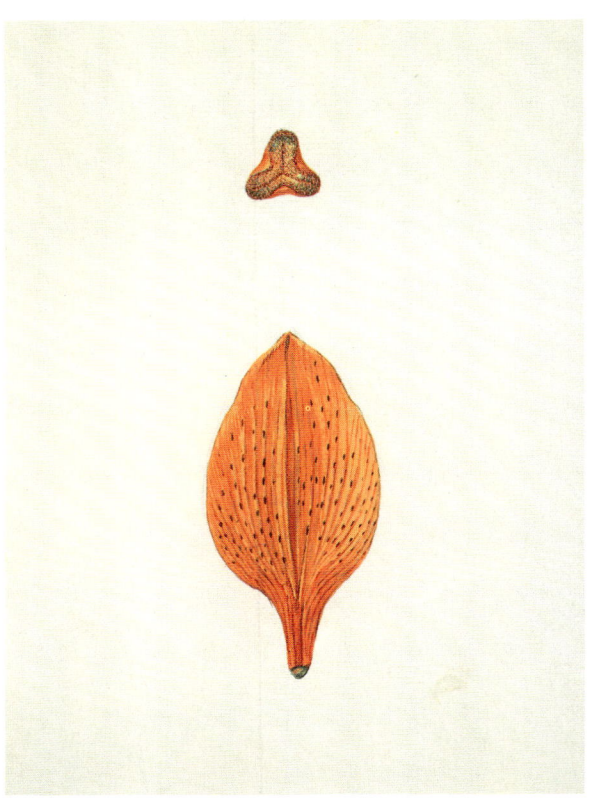

43 Schwertlilie (links)
44 Feuerlilie
45 Krokus (rechte Seite)

CROCUS fativus.

59

Rufcus feu Brufcus

Ruscus aculeatus L.
sp. 896. n. 4g. 1.

L. R.

Mäusedorn

46 Mäusedorn (links)
47 Wurmfarn
48 Blasenstrauch (rechte Seite)

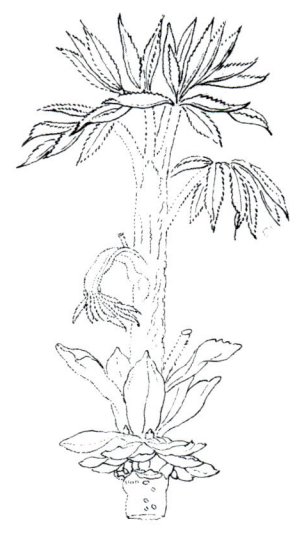

49 Hülse der Meerbohne
(linke Seite)
50 Aufgebrochene
Kastanienknospe
51 Federskizze
einer Kastanienknospe

63

DIPSACUS *laciniatus.*

64

52 Schlitzblattkarde (linke Seite)
53 Durchgewachsene Rose

Alle Maße werden in Zentimetern angegeben, dabei steht Höhe vor Breite. Folgende Abkürzungen wurden verwendet:

GNM Goethe-Nationalmuseum Weimar
GSA   Goethe- und Schiller-Archiv Weimar
ZB   Zentralbibliothek der deutschen Klassik Weimar

Abbildungen auf dem Einband:
Durchgewachsene Rose von vorn und von hinten
Aquarelle aus dem Portefeuille zur Metamorphose, um 1790
39,0 × 23,0 cm; 39,0 × 23,7 cm
GSA
Sign.: Goethe 26, LIV, 8
Lit.: Hansen 1907, Tafel F b; LA I 9, Tafel XII, 1 und 2
    Die beiden Aquarelle der durchgewachsenen Rose dienten als Vorlage für den unter Abb. 53 wiedergegebenen Kupferstich.

Vorsatz:
Pflanzenstudie mit Feigenbaum, Mais
Bleistift, Feder mit Sepia von Johann Wolfgang Goethe, 1786/1787
23,5 × 37,3 cm
GNM, Goethes Kunstsammlung
Inv.Nr.: 1744
Lit.: Schuster 1924, Fig. 7; Corpus V b, Nr. 74
    Eine neue Vegetation breitete sich vor Goethe in Italien aus. Auf dem Blatt hielt er markante Beispiele der typischen südlichen Pflanzenwelt fest.

1
Graminee, vermutlich Mais
(Zea mays L.)
Bleistiftzeichnung, mit Kreide gehöht von Johann Wolfgang Goethe, um 1787/1788
43,2 × 35,8 cm
GNM, Goethes Kunstsammlung
Inv.Nr.: 1737
Lit.: Corpus V b, Nr. 75
Zu § 27
    Der Nachlaß Goethes enthält eine Reihe sowohl flüchtiger als auch ausgeführter Skizzen, die von seinen botanischen Studien zeugen. Sie wurden vollständig in Band V b des »Corpus der Goethezeichnungen« veröffentlicht. Nach Dorothea Kuhn entstand die Zeichnung während Goethes erster Italienreise (1786–1788). Beobachtungen zum Maisanbau hat Goethe mehrfach in seinen Reiseaufzeichnungen festgehalten.

2
Durchgewachsene Nelke
Bleistiftzeichnung von Johann Wolfgang Goethe, 1787
47,5 × 34,0 cm
GNM, Goethes Kunstsammlung
Inv.Nr.: 1738
Lit.: Schuster 1924, Fig. 2; Corpus V b, Nr. 67
    Illustration zu §§ 105–106 von Goethes Metamorphoseschrift. Goethe betonte im Brief vom 3. Oktober 1787 an Karl Ludwig von Knebel aus Italien, daß die abgezeichnete Nelke ganz anders sei als die bei Hill 1768 abgebildete.
    Hill gibt als Herkunft für sein Nelkenbeispiel (Tafel 6) Italien an: »Diese Pflanze wurde in Italien gezogen und stunde im freien Felde . . .« Bei ihr war aus der Blüte ein Stiel herausgewachsen und trug wieder eine Blüte. Hill schreibt weiter: »Die obere Blume hatte alle Theile der untern und noch einen mehr. Denn in derselben war der Keim eines Saamengefäses befindlich.« (Hill, S. 44.)

3
Durchgewachsene Rose
Aquarell von Johann Wolfgang Goethe, Anfang 19. Jh.
30,7 × 23,9 cm

GNM, Goethes Kunstsammlung
Inv.Nr.: 1762
Lit.: Schuster 1924, Tafel XVI; Corpus V b, Nr. 122
Die Zuschreibung ist nicht eindeutig gesichert.

In einer undatierten Notiz zum § 103 schreibt Goethe:

»Es war der Stock einer Monatsrose welcher die beschriebene durchgewachsene Rose in einem feuchten Sommer hervorbrachte. Ich bemerckte den Wachsthum desselben in dem folgenden Jahre und es zeigten sich viele Knospen nah an einander entwickelt.

Nachher beobachtete ich dergl. durchgewachsene Rosen auch an mehreren Stöcken gleichfalls in einem feuchten Sommer. Es war jederzeit der Kelch mehr oder weniger zu fünf ausgebildeten zusammengesetzten Blättern hervorgewachsen, der Stiel unter dem Kelche war nicht aufgeschwollen weil kein Fruchtansatz war, die Krone war um die Axe regelmäßig gestellt und blätterreich, es zeigten sich gelbliche Narben an den Kronenblättern, die Staubfäden waren mehr oder weniger aufgehoben und in gleichem Maaße der Stiel vorgeschoben und an demselben rothe und grüne Blätter theils einzeln theils als unvollkommner zweyter Kelch als unausgebildete Krone entwickelt. Bey einer dergl. Rose fand ich endlich auch eine förmliche Knospe, welche sich aus dem verlängerten Stiel entwickelt hatte. Es waren verschiedene Gattungen an welchen ich dieß Phänomen bemerkte, an einer centifolie ist es mir noch nicht vorgekommen.« (WA II 6, S. 451.)

1831 gewinnt diese Abbildung eine neue, erweiterte Bedeutung. Goethe bezeichnete in einer Studie über die Spiraltendenz das Phänomen der durchgewachsenen Rose als »schönstes Zeugnis« für den Konflikt zwischen der Vertikaltendenz, »wodurch die sukzessive Entwicklung der Stengelblätter und Augen in einer Folge begünstigt wird«, und dem Spiralsystem, »wodurch die Fruktifikation abgeschlossen werden sollte« (LA I 10, S. 353).

4

Anthericum comosum
(Grünlilie, synonym mit Chlorophytum comosum)
Kolorierte Lithographie von J. Glatz nach F.X. Fieber, 1828
49,4 × 30,5 cm

GNM, Goethes Kunstsammlung
Inv.Nr.: 2203

Goethe hatte 1828 seinem Altersfreund Kaspar Graf von Sternberg in Prag eine lebende Pflanze zum Bestimmen zugeschickt, da er an ihr »Luftpflanzen« – »eine ungewöhnliche Art sich durch den Schopf fortzupflanzen« – bemerkt hatte. Sternberg stellte sie als neue Pflanzenspezies auf, weil sie die einzige Art in der Gattung Anthericum ist, bei der nach der Blüte am Blütenstand sich Jungpflänzchen bilden (comosum = schopfartig). Für Goethe war sie ein erneutes Beispiel für seine Metamorphoselehre. Sternberg ließ sie für eine Publikation in der Monatsschrift der Gesellschaft des Vaterländischen Museums in Böhmen (Prag 1828) abbilden. In einem Aufsatzentwurf über das Anthericum comosum vom Januar 1829 gibt Goethe seiner Bewunderung für die Vitalität der Luftstolonen Ausdruck. Ihre Augen und Wurzelkeime seien unverwüstlich.

5

Idealer Pflanzentypus
Kupferstich von François Plée nach Pierre-Jean-François Turpin, 1804
Tafel 3 aus dem Atlas zu »Oeuvres d'histoire naturelle de Goethe«, hrsg. von Martins, 1837
73,8 × 35,6 cm
GNM, grafische Sammlung
Inv.Nr.: Gr 671/1985

Von dem französischen Botaniker und Zeichner Turpin stammen Idee und Zeichnung dieses idealen Pflanzentypus zur Illustration von Goethes Grundgedanken der Metamorphose. Die Darstellung soll die Einheit der Pflanzenorgane beweisen, ihre ursprüngliche Identität, ob sie sich nun im sprossenden Zustand (beim Längenwachstum) oder zusammengezogen um ein Zentrum (Blütenbildung) zeigen, ihre unzähligen Metamorphosen, die feststehende Ordnung ihrer relativen Lage und schließlich den großen Unterschied zwischen den unterirdischen Organen (hier Armut) und den überirdischen (hier Reichtum).

6

Rosa centifolia, mit durchgewachsenen Blüten
Kupferstich von E. Talbaux nach Pierre-Jean-François Turpin
Tafel 5 aus dem Atlas zu »Oeuvres d'histoire naturelle de Goethe«, hrsg. von Martins, 1837
52,4 × 35,5 cm (Plattengröße: 40,1 × 29,2 cm)
GNM, grafische Sammlung
Inv.Nr.: Gr. 654/1985

Von Turpin als Illustration zum 1. Satz des § 103 von Goethes Metamorphoseschrift gezeichnet.

7

Weinrebe
Aquarell von Eduard Stark, 1830
60,0 × 45,0 cm
Aus der Mappe »Zehn kolorierte Handzeichnungen zur Erläuterung der Metamorphose der Pflanzen nach Goethe«
ZB
Sign.: H, 0 : 23
Lit.: Schuster 1924, Tafel VI

Goethe schrieb 1831 in Notizen über die Spiraltendenz der Vegetation:

»Das Spiralsystem ist für den ersten Anblick offenbarer in den Dikotyledonen. . . .

Nun sehen wir jene Spiraltendenz in den Gäbelchen in den Vrillen. . . .

Die eigentlichen völlig blattlosen Vrillen sind als Zweige anzusehn, denen die Solideszenz abgeht, die voll Saft und biegsam eine besondere Irritabilität zeigen. . . .

Mir ist der Weinstock das höchste Musterbild.

Man sehe wie die Gäbelchen sich ausstrecken, von irgend woher eine Berührung suchend; irgendwo angelehnt, fassen sie, klammern sie sich an.

Es sind Zweige, dieselbigen welche Trauben tragen.

Einzelne Beeren findet man wohl an den Böcklein.

Merkwürdig ist es daß der dritte Knoten an der Weinranke keine Vrille hervorbringt; wohin das zu deuten sei, ist uns nicht klar geworden.« (LA I 10, S. 356.)

Goethe hatte sich 1828 während des Dornburger Aufenthaltes intensiv mit dem Weinstock und seiner Kultivierung befaßt.

68

8

Kohlblatt mit blättrigen Auswüchsen auf der Unterseite der Mittelrippe
Aquarell von Johann Wolfgang Goethe, Anfang 19. Jh.
35,7 × 24,0 cm
GNM, Goethes Kunstsammlung
Inv.Nr.: 1756
Lit.: Schuster 1924, Tafel XI; Corpus V b, Nr. 121
Die Zuschreibung ist nicht sicher.

Dargestellt ist eine Abweichung von der normalen Form eines Krauskohlblattes.

9

Monstroser Pomeranzenkürbis
(Cucurbita pepo L., Gartenkürbis mit vielen Abarten)
Die blattähnliche Ranke ist auf der Frucht festgewachsen, so daß es sich um einen durchgewachsenen Kürbis handelt.
Aquarell von unbekannt, 1811
29,0 × 26,0 cm
GNM, Goethes Kunstsammlung
Inv.Nr.: 1761
Lit.: Schuster 1924, Tafel IX

Goethe schrieb am 20. September 1811 an Johann Heinrich Meyer:

»Es ist mir ein kleiner Pomeranzen Kürbis zugekommen, welcher monstros ist und wohl verdient gezeichnet und mit den natürlichen Farben illuminirt zu werden. Das Interessante daran ist freylich sehr zart, und müßte sehr genau nachgeahmt werden. Welchen von Ihren jungen Leuten schlügen Sie mir dazu vor? und wann finde ich Sie zu Hause, daß wir darüber sprechen können? Ich wünschte, daß Sie es bey sich vornehmen ließen.« (WA IV 22, S. 164 f.)

Mit den jungen Leuten sind Schüler der weimarischen Zeichenschule gemeint, die Meyer seit 1807 leitete.

10

Monstrosität. Aufgeblähter Stengel bei einer Weberkarde
(Dipsacus fullonum L.)
Aquarell von Eduard Stark, 1830
72,0 × 52,0 cm
Aus der Mappe »Zehn kolorierte Handzeichnungen zur

Erläuterung der Metamorphose der Pflanzen nach Goethe«
ZB
Sign.: H, 0 : 23
Lit.: Schuster 1924, Tafel III

In den Aufzeichnungen über die Spiraltendenz der Vegetation schrieb Goethe 1831:

»Da das Spiralsystem eigentlich das Nährende ist und Auge nach Auge sich in demselben entwickelt, so folgt daraus daß übermäßige Nahrung demselben zugeführt ihm das Übergewicht über das Vertikale gibt, wodurch das Ganze seiner Stütze, gleichsam seines Knochenbaues beraubt in übermäßiger Entwicklung der Augen sich übereilt und verliert.

. . . Monstrositäten . . . entstehen dadurch daß jenes aufrechtstrebende Leben mit dem spiralen aus dem Gleichgewicht kommt, von diesem überflügelt wird, wodurch die vertikale Konstruktion geschwächt und an der Pflanze es sei nun das fadenartige System oder das Holz hervorbringende in die Enge getrieben und gleichsam vernichtet wird indem das Spirale, von welchem Augen und Knospen abhängen beschleunigt, der Zweig des Baums abgeplattet und des Holzes ermangelnd, der Stengel der Pflanze aufgebläht und sein Inneres vernichtet wird . . .« (LA I 10, S. 345 f.)

Goethe erhielt das Objekt der Zeichnung 1829 von seinem ehemaligen Schreiber Ludwig Geist, der es in seinem Garten gefunden hatte (Höhe des Originals: ca. 55 cm). Geist versorgte Goethe überhaupt mit Monstrositäten und unterhielt sich als botanischer Liebhaber mit ihm darüber.

11
Baldrian, abnorm gebildet, hohler, aufgeblähter Stengel mit Blättern und Blüten
Aquarell von Eduard Stark, 1829
36,2 × 26,7 cm
Aus der Mappe »Zehn kolorierte Handzeichnungen zur Erläuterung der Metamorphose der Pflanzen nach Goethe«
ZB
Sign.: H, 0 : 23
Lit.: Schuster 1924, Tafel V
Vgl. Abb. 11

Diese Abnormität hatte Goethes ehemaliger Schreiber Ludwig Geist wie die auf Abb. 10 in seinem Garten gefunden. Goethe ließ sie 1829 über Geist von Stark abzeichnen und bekam 1830 die Zeichnung vom grünen Zustand und das inzwischen getrocknete Objekt zurück, das dann Stark ebenfalls zeichnerisch festhielt (siehe Abb. 12).

12
»*Schönes Monstrum von Valeriana phu. L.*«
Zwangsdrehung bei Baldrian, hohler, aufgeblähter Stengel
Beispiel für das Vorherrschen der Spiraltendenz
Aquarell von Eduard Stark, 1830
43,8 × 28,0 cm
Aus der Mappe »Zehn kolorierte Handzeichnungen zur Erläuterung der Metamorphose der Pflanzen nach Goethe«
ZB
Sign.: H, 0 : 23
Lit.: Schuster 1924, Tafel IV
Vgl. Abb. 12

In der Studie »Über die Spiraltendenz« schrieb Goethe 1831:

»Wir mußten annehmen: es walte in der Vegetation eine allgemeine Spiraltendenz, wodurch, in Verbindung mit dem vertikalen Streben, aller Bau, jede Bildung der Pflanzen, nach dem Gesetze der Metamorphose vollbracht wird.

Die zwei Haupttendenzen also, oder wenn man will, die beiden lebendigen Systeme wodurch das Pflanzenleben sich wachsend vollendet, sind das Vertikalsystem und das Spiralsystem; keins kann von dem andern abgesondert gedacht werden, weil nur eins durch das andere lebendig wirkt. Aber nötig ist es, zur bestimmteren Einsicht, besonders zu einem Vortrag, sie in der Betrachtung zu trennen und zu untersuchen: wie denn eins oder das andere waltet . . .« (LA I 10, S. 340).

13

»Höchst merkwürdige abnorme Monstrosität«
»Einem Bischofsstabe ähnlich«
Eschenzweig mit »übereiltem unfruchtbarem Abschluß«
– eine unregelmäßige Spiralwirkung
Aquarell von Eduard Stark, 1830, Vorderansicht
59,0 × 45,0 cm
Aus der Mappe »Zehn kolorierte Handzeichnungen zur Erläuterung der Metamorphose der Pflanzen nach Goethe«
ZB
Sign.: H, 0 : 23
Lit.: Schuster 1924, Tafel II

Goethe schrieb in »Nacharbeiten und Sammlungen« 1824:

»Der Krummstab, welchen der verflächte Eschenzweig hervorbringt, endigt sich in unzähligen Gemmen, die sich aber nicht weiter entwickeln, sondern als toter Abschluß einer verkümmerten Vegetation ausgetrocknet verharren.« (LA I 9, S. 114.) Und in einer Notiz über die Spiraltendenz der Vegetation äußerte er 1831: »Nehmen wir einen Eschenzweig vor uns der sich in diesem Fall befindet, der Splint, der durch das Holz nicht auseinander gehalten wird, drängt sich zusammen und bewirkt eine flache vegetabilische Erscheinung. Zugleich zieht sich das ganze Wachstum zusammen und die Augen, welche sich sukzessiv entwickeln sollten, erscheinen nun gedrängt und endlich gar in ungetrennter Reihe. Indessen hat sich das Ganze gebogen; das übrig gebliebene Holzhafte macht den Rücken und die einwärts gekehrte einem Bischofsstab ähnliche Bildung stellt eine höchst merkwürdige abnorme Monstrosität vor.« (LA I 10, S. 357.)

14

Goethea semperflorens N. et M.
Kolorierter Kupferstich von Eduard Joseph d'Alton nach Th. Wild, 1823
50,0 × 24,0 cm
GNM, Goethes Kunstsammlung
Inv.Nr.: 2202
Lit.: C.G.D. Nees von Esenbeck und C.F.Ph. von Martius, Goethea, novum plantarum genus. a seren. Principe Maximiliano Neovidensi ex itinere Brasiliensi relatum. Descripserunt et . . . C.G. Nees ab Esenbeck . . . et C.Ph. Martius. Bonn 1823 (in: Nova Acta physico-medica Academiae Caes. Leopoldino-Carolinae naturae curiosorum. T. 11, P. 1, S. 89–102; die Stiche sind hier unkoloriert).

Um Goethe als Naturforscher und Dichter zu ehren, gaben die Botaniker Nees von Esenbeck in Bonn und Philipp Martius in München 1821 einer 1817 in Brasilien entdeckten Pflanzengattung aus der Familie der Malvengewächse den Namen Goethea. Die zwei vorgefundenen Arten nannten sie Goethea semperflorens (= immerblühend) und G. cauliflora (= stammblütig). Nees von Esenbeck ließ auf Goethes Wunsch hin 1823 die Kupferstiche kolorieren.

G. semperflorens wird heute als Pavonia semperflorens Grcke bezeichnet.

Illustrationen zu Goethes Schrift

Die folgenden Abbildungen und die beigegebenen Texte sollen die Hauptresultate der Goetheschen Metamorphoseschrift erläutern. Die gliedernden Überschriften entsprechen den Kapitelüberschriften der »Metamorphose der Pflanzen«. Als Vorlagen für die Illustrationen dienten Kupferstiche und Aquarelle aus Goethes Kunstsammlung, Herbarblätter und Früchte aus seiner botanischen Sammlung. Aus unterschiedlichen Beweggründen durch Goethe im Laufe seines Lebens zusammengetragen, erscheinen sie hier in einer durch den Text der Metamorphoseschrift vorgegebenen Abfolge, um jene Phänomene »vor Augen zu bringen«, die Goethe als Beweise seiner Hypothese von der Blattnatur aller Pflanzenorgane anführte. Das sogenannte »Portefeuille zur Metamorphose« ist bereits von Goethe als Materialsammlung zu seiner Arbeit angelegt und mit einem Verzeichnis versehen worden. Die Tatsache, daß dieser Aquarellsammlung (29 Blätter) einige nach den Aquarellbildern gearbeitete Kupferstiche beigefügt sind (vgl. Abb. 19, 36 und 53), weist darauf hin, daß Goethe bereits praktische Schritte zu einer illustrierten Metamorphoseausgabe eingeleitet hatte. Ob es das »höchst bewegliche Leben« war, das dieses Unternehmen verhinderte, muß offenbleiben. Auffallend ist, daß die gesammelten Aquarelle doch nur wenige Illustrationsbeispiele liefern.

Das Portefeuille zur Metamorphose entdeckte Carl Ruland, der erste Direktor des Goethe-Nationalmuseums, Jahrzehnte nach Goethes Tod zusammengerollt im Postament eines Gipsabgusses im Goethehaus. Er übergab es dem Gießener Botanikprofessor Adolf Hansen (1851–1920), der zu Beginn unseres Jahrhunderts mit der Sichtung der botanischen Sammlungen Goethes beauftragt wurde und sich speziell der Bestimmung und Ordnung des Herbariums widmete. 1907 veröffentlichte Hansen die Illustrationen zusammen mit einer eigenen umfangreichen Abhandlung über Goethes »Metamorphose der Pflanzen«.

Der überwiegende Teil der Aquarelle dürfte 1790 oder wenig später entstanden sein. Eine Rechnung belegt, daß Goethe am 6. März 1790 je 2 Laubtaler an die Künstler J.C.W. Waitz und Johann Heinrich Lips für Zeichnungen bezahlte, ausdrücklich wurde der Auftrag für die Darstellung einer Mimose erwähnt (vgl. LA II 9 A, S. 391). Anzunehmen ist, daß ein anderer Teil der Illustrationen, zumindest jedoch entsprechende Skizzen, bereits vor der Fertigstellung der Metamorphoseschrift vorlag; etwa um 1785/86, als sich Goethe mit der Keimung verschiedener Pflanzen beschäftigte. Die erhalten gebliebene Niederschrift seiner Beobachtungen (LA I 10, S. 41 ff.) bekräftigt diese Annahme. Das Bildwerk, mit dem handschriftlichen Verzeichnis zu einem Band vereinigt, befindet sich heute im Goethe- und Schiller-Archiv in Weimar.

In der Kunstsammlung Goethes befinden sich noch weitere Pflanzendarstellungen, zum Beispiel einzelne großformatige kolorierte Kupferstiche, von denen wir das Blumenrohr, den Safrankrokus und die Schlitzblattkarde abbilden. Diese durch ihre detailgetreue und gleichzeitig ästhetisch ansprechende Wiedergabe faszinierenden Kunstwerke entstammen dem botanischen Bildband »Illustratio systematis sexualis Linnaei«, der in Deutschland erstmals 1792 in Darmstadt im Verlag der Witwe des Goethe-Freundes Johann Heinrich Merck erschien.

Wie diese Kupferstiche, so sind auch die Abbildungen von Herbarblättern und Früchten in die Abfolge der Illustrationen des Portefeuilles eingefügt worden.

G. Maul

Einleitung

15
Indische Lotosblume
(Nelumbium speciosum = Nelumbo nucifera Gaertn.)
Aquarell von Eduard Stark, 1831
34,0 × 23,0 cm
Bildunterschrift von Hofgärtner Johann Christian Sckell:
»Nelumbium Speciosum aus Indien, Persien und China
13. Klasse, 6. Ordnung
blühte hier zum ersten mahle vom 14ten bis den 20ten Juli 1831«
GNM, Goethes Kunstsammlung
Inv.Nr.: 1759
Lit.: Schuster 1924, Tafel XV
Zu § 5

Als unregelmäßig bezeichnete Goethe alle vom fortschreitenden Wachstum abweichenden Entwicklungen, für die er keine konkreten Ursachen benennen konnte. Sie lassen sich heute in der Mehrzahl auf genetisch bedingte Veränderungen zurückführen.

Unregelmäßige, auch rückschreitende Metamorphosen im Sinne Goethes sind z.B. Umbildungen von Staub- zu Blütenblättern, wie sie häufig bei gefüllten Blüten auftreten. Die Abbildung zeigt eine indische Lotosblume, die im Juli 1831 in der herzoglichen Orangerie von Belvedere bei Weimar blühte. Goethe ließ sie von Eduard Stark zeichnen, den er seit 1830 wiederholt mit Pflanzendarstellungen beauftragte. Der mit Goethes Forderung nach Detailtreue vertraute Maler setzte deutlich die Staubblatt-Blütenblatt-Übergänge ins Bild.

16–17
Gefüllte Tulpe von vorn und von hinten
Aquarelle, vermutlich von J.C.W. Waitz, 1795
38,7 × 23,7 cm; 35,9 × 27,0 cm
GNM, Goethes Kunstsammlung
Inv.Nr.: 1760 und 1763
Lit.: Schuster 1924, Tafel XIII und XIV; Corpus V b, Nr. 112 und 113

Die beiden Abbildungen der gefüllten Tulpe stellen verschiedene unregelmäßige Blattübergänge dar. Auf der Vorderansicht sind Staubblatt-Blütenblatt-Übergänge angedeutet. Die Ansicht der Blüte von hinten zeigt Laubblatt-Perianth-Übergänge, die den Anschein eines Kelches vermitteln (§ 44).

18
Rosengalle
Aquarell von Eduard Stark, 1830
44,0 × 29,0 cm
ZB
Sign.: H, 0 : 23
Lit.: Schuster 1924, Tafel IX
Zu § 8

Als dritte Metamorphoseart erläutert Goethe unter § 8 die zufällige Metamorphose. Er verstand darunter die durch äußere Einflüsse hervorgerufenen Abweichungen

72

vom normalen Pflanzenwachstum. Dazu zählen neben mechanischen Einwirkungen auch von verschiedenen Insekten durch Eiablage in das pflanzliche Gewebe induzierte Gallbildungen.

In Italien beobachtete Goethe die durch Läuse (der Familie Adelgidae) verursachten Gallen an Fichten, die kleinen Tannenzapfen oder Ananasfrüchten ähneln (vgl. LA II 9 A, S. 62 f.). Er vermutete, die Gallen entstünden, weil die Insekten durch »ihr Saugen die Säfte ableiten«.

Durch ihre Größe besonders auffällig sind die Rosengallen. In ihnen entwickelt sich die Nachkommenschaft der Rosengallwespe (Diplolepis rosae) vom Ei über die Larve bis zum fertigen Insekt. Möglicherweise diente eine der in der botanischen Sammlung Goethes noch vorhandenen Rosengallen dem Zeichner als Vorlage.

Von den Samenblättern

19
Keimpflanzen des Mais
(Zea mays L.)
Kupferstich nach einem Aquarell aus dem Portefeuille zur Metamorphose, um 1785/1786
32,4 × 21,0 cm
GSA
Sign.: Goethe 26, LIV, 8
Lit.: Hansen 1907, Tafel A 3; LA I 9, Tafel II, 1 und 3

Türkisches Korn oder Welschkorn nannte Goethe den Mais, den er wie auch die hier und im folgenden abgebildeten Keimpflanzen nicht ausdrücklich in seiner Metamorphoseschrift erwähnte. Die Abbildungen sind das Resultat früherer Beobachtungen zur Keimung (1785), bei denen Goethe versuchte, die Teile der Keimlinge verschiedener Pflanzen zu homologisieren und ihre Benennung zu systematisieren. Sie wurden wohl den Illustrationen zur Metamorphose zugeordnet, weil sie die fortschreitende Differenzierung der Keimblätter und der ersten Laubblätter veranschaulichen.

Beim einkeimblättrigen Mais dient das scheidenförmig ausgebildete Keimblatt der Nährstoffaufnahme aus dem Speichergewebe des Samens (dem Endosperm).

Die bei allen drei Pflanzen deutlich ausgebildete Hauptwurzel ist von kurzer Lebensdauer. Sie wird im

Laufe der Entwicklung durch eine Vielzahl sproßbürtiger Wurzeln ersetzt, die bei den beiden äußeren Pflänzchen bereits im Entstehen begriffen sind.

20—21
Keimung der Gartenbohne
(Phaseolus vulgaris L.)
Aquarelle aus dem Portefeuille zur Metamorphose, um 1785/1786
36,8 × 25,9 cm; 36,7 × 25,2 cm
GSA
Sign.: Goethe 26, LIV, 8
Lit.: Hansen 1907, Tafel A 1; LA I 9, Tafel III, 1 und 2

Bei der Entwicklung zweikeimblättriger Samenpflanzen werden zwei Formen der Keimung unterschieden, die epigäische und die hypogäische Keimung. Die Gartenbohne liefert ein typisches Beispiel epigäischer Keimung. Hier sprengen die Kotyledonen die Samenschale und entfalten sich über der Erde, wo sie ergrünen. Mit dem Ergrünen ist die Fähigkeit zur Photosynthese verbunden.

Die Keimblätter der Bohne sind in erster Linie Reservestoffspeicher. Sie vergilben, sobald die in ihnen enthaltenen Nährstoffe abgebaut sind. Erst die bei der abgebildeten Pflanze bereits voll entwickelten laubigen Primärblätter sind in der Lage, die notwendige Energie ausschließlich photosynthetisch zu produzieren.

Die zwischen den Primärblättern zu erkennende Sproßknospe (Abb. 21) ist der Ausgangspunkt des weiteren Wachstums.

22
Keimpflanze des Kürbis
(Cucurbita pepo L.)
Aquarell aus dem Portefeuille zur Metamorphose, um 1785/1786
36,2 × 25,5 cm
GSA
Sign.: Goethe 26, LIV, 8
Lit.: Hansen 1907, Tafel A 2; LA I 9, Tafel II, 2 (dort jeweils als Sonnenrose angegeben)

Der Kürbis keimt ebenfalls epigäisch. Seine beiden Kotyledonen umschließen die Sproßknospen.

Das Aquarell ist wie die vorigen im Zusammenhang mit Goethes Versuch entstanden, die pflanzliche Keimesentwicklung zu systematisieren. Dabei ordnete er die Keimpflanzen in drei Gruppen, und zwar in solche, die
»1 obere, und untere Kotyledonen zugleich haben
2 andre welche nur obere Kotyledonen
3 wieder andre welche nur untre Kotyledonen haben«
(LA I 10, S. 43f.).

Der Kürbis gehört nach dieser Klassifizierung in die zweite Gruppe, wobei Goethe das »vorstehende Gefäßchen« für ein Relikt des »unteren Kotyledons« hielt. Seine Aufzeichnungen zu den Kotyledonen, die er selbst übrigens nie veröffentlichen ließ, hatten keine Bedeutung für die Klärung der Keimesentwicklung. Dazu trugen spätere Arbeiten anderer Autoren bei (vgl. Schriften zur Morphologie, S. 911).

23—24
Keimpflanzen der Wicke
Aquarelle aus dem Portefeuille zur Metamorphose, um 1785/1786
30,4 × 25,8 cm; 37,3 × 25,9 cm
GSA
Sign.: Goethe 26, LIV, 8
Lit.: Hansen 1907, Tafel A 2; LA I 9, Tafel IV, 1 und 2

Die Abbildungen zeigen junge Pflanzen aus der Familie der Schmetterlingsblütler, vermutlich Arten der Gattung Vicia (Wicke) oder Lathyrus (Platterbse).

In § 15 erwähnt Goethe die Feldbohne oder Puffbohne (Vicia faba), deren nährstoffreiche Kotyledonen bei der Keimung im Boden verbleiben (hypogäische Keimung). Bevor die ersten Laubblätter (Primärblätter) entstehen, werden bei der Feldbohne zwei schuppenförmige Niederblätter ausgebildet, aus deren Achseln sich später Seitensprosse entwickeln.

Diese Wachstumsformen entsprechen in etwa denen der hier abgebildeten, im Gegensatz zur Feldbohne aber schmalblättrigen Wickenarten.

Eine nicht näher bezeichnete Wicke wird im Aufsatz zu den Kotyledonen beschrieben.

25
Keimpflanzen der Erbse
(Pisum sativum L.)
Aquarell aus dem Portefeuille zur Metamorphose, um
1785/1786
37,9 × 26,5 cm
GSA
Sign.: Goethe 26, LIV, 8
Lit.: Hansen 1907, Tafel A 1; LA I 8, Tafel V, 2

Die Erbse keimt hypogäisch. Bevor sich die Primärblätter entfalten, entstehen wie bei Vicia faba (§ 15) zwei Niederblätter. Überhaupt ähneln die Keimpflanzen im abgebildeten Entwicklungsstadium sehr denen der Feldbohne.

26
Keimpflanze der Kapuzinerkresse
(Tropaeolum majus L.)
Aquarell aus dem Portefeuille zur Metamorphose, um
1785/1786
36,8 × 26,1 cm
GSA
Sign.: Goethe 26, LIV, 8
Lit.: Hansen 1907, Tafel A 3; LA I 9, Tafel V, 1

Wie bei den Wicken und der Erbse übernehmen auch die Kotyledonen der Kapuzinerkresse die Nährstoffspeicherung und verbleiben im Samen. Die Primärblätter besitzen bereits die für die Art charakteristische Schildform. Aus der zwischen ihnen gelegenen Sproßknospe haben sich die nächsten Folgeblätter entwickelt.

27−29
Keimung der Riesenhülse
(Entada scandens [L.] Benth. = Entada phaseoloides [L.] Merr.)
Aquarelle aus dem Portefeuille zur Metamorphose, 1790
28,0 × 21,0 cm; 30,3 × 23,3 cm; 31,3 × 22,5 cm
GSA
Sign.: Goethe 26, LIV, 8
Lit.: Hansen 1907, Tafel B; LA I 9, Tafel VI, 1−3

Die Riesenhülse ist eine tropische Liane, die innerhalb der Ordnung der Leguminosen (Hülsenfrüchtler) zur Familie der Mimosengewächse gehört. Goethe bezeichnete

74

die Riesenhülse wiederholt als »Mimosa«. Er erläuterte die drei Abbildungen im Verzeichnis zum Portefeuille folgendermaßen:

»B. Drey Blätter Mimosa scandens
1. Die Bohne der Pflanze in ihrer natürlichen Größe
2. Dieselbe aufgeschwollen u. keimend. Merkwürdig ist der Wurzelknoten an dem viele Wurzelfasern sich zugleich entwickeln
3. Dieselbe, wo nun der in die Höhe steigende Keim sichtbar ist. Merkwürdig ist, daß statt einer einfachen Plumula sich hier gleich Aeste mit Zweigen entwickeln.
Schade daß die Pflanze zu Grunde ging und nicht weiter beobachtet werden konnte« (LA II 9 A, S. 118).

Normalerweise entspricht die Keimentwicklung von Entada phaseoloides im wesentlichen der anderer Leguminosen (Pisum, Vicia). Den ersten Laubblättern geht ebenfalls die Bildung von Niederblättern voraus. Eine bei der Erbse zu beobachtende Besonderheit tritt auch bei Entada auf: die Umbildung einzelner Teile der gefiederten Blattspreiten in Ranken.

Die von Goethe als »merkwürdig« bezeichnete Verzweigung des jungen Sprosses ist auf die Verletzung des Samens zurückzuführen, die sicher auch die Ursache für das Eingehen der Pflanze war. Interessanterweise befindet sich in Goethes botanischer Sammlung noch eine Hälfte der Fruchthülse (s. Erläuterung zu Abb. 49).

30−31
Keimung der Dattelpalme (Phoenix dactylifera L.); *Längsschnitt durch einen Dattelkern*
Aquarelle aus dem Portefeuille zur Metamorphose, um
1785/1786
38,0 × 26,5 cm; 27,8 × 26,2 cm
GSA
Sign.: Goethe 26, LIV, 8
Lit.: Hansen 1907, Tafel C; LA I 9, Tafel VII, 1 und 2

Goethe gab dazu folgende Erläuterungen:
»C. Entwickelung der Dattelpalme aus dem Kern
1. Die verschiedenen Grade der Entwickelung

a) Der Dattelkern von vorn

b) Derselbe von hinten, wo man den kleinen Punckt schon bemerkt, hinter welchem der Keim verborgen liegt.

c) Der Dattelkern, wie er getrieben hat. Er bleibt auf seiner Stelle liegen und schiebt die Wurzel in die Erde. Der Punct x ist der erste bemerkliche Knoten, von welchem hinabwärts die Wurzelfasern entspringen; Hinaufwärts theilt sich die mit dem Dattelkern noch zusammenhängende Scheide und läßt die sprossenden Blätter durch.

d) Durchschnitt des Dattelkerns in dieser Zeit. Man sieht wie ein kleiner schwammförmiger Kuchen das obere Ende der Scheide inwendig mit dem Dattelkerne verbindet.

e. u. f. Man sieht an diesen Figuren die weiter fortsprossenden Blätter der Pflanze.

g. u. h. Das schwammartige Gewächs von forn und hinten, welches sich immer vergrößert und indem es sich ausbildet das ganze Mark des Dattelkerns verzehrt, und die erste Nahrung der Pflanze zuführt.

2. Ein durchgeschnittener Dattelkern vergrößert, noch eh er in die Erde gekommen und Wurzel geschlagen hat. Man sieht hier den Keim deutlich in seiner Ruhe liegen. Verglichen mit Figura d des vorigen Blatts läßt sich bemerken wie nach der Keimung das schwammartige Ende der Scheide sich ausdehnt und das Mark aufzuzehren anfängt.« (LA II 9 A, S. 118 f.)

Mit der Keimung der Dattelpalme beschäftigte sich Goethe schon vor Entstehung der Metamorphoseschrift in Italien und notierte seine Beobachtungen (vgl. LA I 10, S. 48 f.). Die hier wiedergegebene knappe und präzise Beschreibung stammt aus späterer Zeit.

Besondere Aufmerksamkeit richtete Goethe auf den »schwammartigen Kuchen«, das »schwammartige Gewächs«. Es ist das Haustorium, ein Teil des einzigen Keimblattes (Palmen gehören zu den Monokotyledonen), der sich zu einem Resorptionsorgan umgebildet hat. Er dient, wie auch Goethe beobachtete, dem Aufschluß der gespeicherten Reservestoffe aus dem Nährgewebe des Samens. Der andere Teil des Keimblattes wächst scheidenförmig aus dem Samen hervor.

Ausbildung der Stengelblätter von Knoten zu Knoten

32
Scabiose
(Scabiosa lucida Vill.)
Herbarblatt
GNM, Goethes naturwissenschaftliche Sammlungen
Inv.Nr.: GN 1920 H
Lit.: Hansen 1907; LA II 9 A, S. 120

Bei der Bearbeitung des Goetheschen Herbariums zu Beginn dieses Jahrhunderts identifizierte Adolf Hansen die hier abgebildete Scabiose als das von Goethe vermerkte »schöne Beispiel der Vermannigfaltigung der Stengelblätter einer Scabiosi« (LA II 9 A, S. 120).

In dem umfangreichen und im wesentlichen gut erhaltenen Herbarium sind gerade die Präparate, die zur Erläuterung der Metamorphose zusammengestellt wurden, nicht mehr vollständig. Lediglich ein Konvolut von 59 Herbarblättern trägt die Aufschrift »Beispiele zur Metamorphose«. Es enthält in der Mehrzahl Laubblätter, daneben einige Farnwedel und Blütenblätter. Diese Präparate stimmen nicht mit den im Verzeichnis zum Portefeuille notierten, »in dem Buche aufgeklebten Pflanzentheilen« überein.

Die Scabiose ist eines der wenigen unversehrten Herbarblätter mit eindeutig von Goethe hergestelltem Bezug zur Metamorphoseschrift. Seine oben zitierte Bemerkung bezieht sich auf Abschnitt II, die »Ausbildung der Stengelblätter von Knoten zu Knoten«, und macht auf den deutlichen Unterschied zwischen den ungegliederten grundständigen Blättern und den stark geschlitzten Blattspreiten der aufsteigenden Stengel aufmerksam.

33
Blattfolge des Geißfuß, auch Giersch
(Aegopodium podagraria L.)
Bleistift, mit Feder nachgezeichnet und mit Tusche aquarelliert von Johann Wolfgang Goethe, 1806

37,7 × 54,0 cm
GNM, Goethes Kunstsammlung
Inv.Nr.: 1912
Lit.: Corpus V b, Nr. 119

Der II. Abschnitt der Metamorphoseschrift ist der sukzessiven Ausbildung der Laubblätter, ihrer fortschreitenden Differenzierung gewidmet. Deren Ursache sieht Goethe in einer »zunehmenden Verfeinerung der Säfte« (§ 26–28). Zur Laubblattentwicklung des Geißfuß hat Goethe 5 Zeichnungen angefertigt (Corpus V b, Nr. 115–119), sie wurden als Vorlage zu einem 1830 von Eduard Stark gefertigten Kupferstich genutzt (Schuster 1924, Tafel VII).

In »Nacharbeiten und Sammlungen« schrieb Goethe dazu 1824:

»Diese Teilung der Blätter nun ist einem gewissen Gesetz unterworfen, welches durch Beispiele sich leicht vor Augen stellen, durch Worte schwer ausdrücken läßt. Das einfache Blatt trennt sich unten am Stiele nach beiden Seiten, so daß es dreifach wird, das Obere dieser drei Blätter trennt sich wieder am Stiele, so daß abermals ein Dreifaches entsteht und man das ganze Blatt nunmehr als fünffach ansehen muß. Zu gleicher Zeit bemerkt man schon an den beiden untern Blättern daß sie Lust haben sich an einer Seite und zwar an dem nach unten zu gerichteten Rand zu trennen, welches auch geschieht, und so erscheint ein siebenfaches Blatt. Diese Trennung gehet nun immer weiter, daß auch der nach oben gekehrte Rand der untern Blätter sich einschneidet und trennt, da denn ein neunfaches und immer so fort geteiltes Blatt entsteht.

Auffallend ist diese Erscheinung am Aegopodium podagraria, wovon der Liebhaber sich sogleich die ganze Sammlung verschaffen kann; wobei jedoch zu bemerken ist, daß an schattigen und feuchten Stellen die vielfache Trennung weit häufiger ist als an sonnigen und trocknen.« (LA I 9, S. 115.)

Bildung der Krone

34–35
Einfache und doppelte Primel
(Primula sp. L.)
Aquarelle aus dem Portefeuille zur Metamorphose, um 1790/1791
31,5 × 19,7 cm; 33,0 × 19,7 cm
GSA
Sign.: Goethe 26, LIV, 8
Lit.: Hansen 1907, Tafel E; LA I 9, Tafel X
Zu § 40

Goethe gab dazu folgende Erläuterungen:
»E. 1. Die gewöhnliche Primul, deren Stengel und fünfblättrige Kelche schon etwas von der Blumenfarbe enthalten.
2. Doppelte Primel, wo man deutlich sieht, daß sich der Kelch in eine untere Krone verwandelt hat.« (LA II 9 A, S. 119.)

Die knappe Beschreibung entstammt dem Verzeichnis zum Portefeuille zur Metamorphose.

Der Nachlaß Goethes enthält eine weitere und ausführlichere Beschreibung von Abb. 35 in der Handschrift des für Goethe von 1777–1794 als Schreiber tätigen Johann Georg Paul Götze:

»Doppelte Prümel

Zwey völlig ähnliche Kronen stecken in einander, die erste gleichsam als ein gefärbter Kelch ist die unmittelbare Fortsetzung, des äußersten Häutchens des Stiels. Er unterscheidet sich von den Innern; daß die Rippen aus den Blatt unmittelbar in den Stiel übergehen stärcker roher und mit Haaren versehen sind, anstatt daß sie bey den Innern welcher dem Lichte nicht so ausgesetzt ist, weniger bemercklich sind, weiß und ohne Haare sind. Die Röhre der einblätterigen Krone ist bey der Äußern kürzer und weiter, bey der Innern länger und enger; so daß die Innere etwas über die Äußere hervor ragt, der Äußere Kelch, hat keine Spur von Staubfäden noch Staubbeutel, an den Innern sieht man sie völlig entwickelt. Der Pistill des Saamengehäuses, die Samen sind auch gegenwärtig, es fragt sich: ob sie in freyer Luft gezogen reifen Samen hervorbringen, da die welche ich vor mir habe getrieben sind.

Die beyden Kelche, stehen unter den Frucht Gehäuße, nicht etwa, Kelch in Kelch, wie die Necktarien der gefüllten Narzisse.

NB. Die Innere Krone verwelckt immer eher als die Äußere

NB. Es sind diese Prümel im Frühjahr mit Einfachen Prümel genau zu vergleichen« (LA II 9 A, S. 123).

36
Primel- und Tulpenblüten
(Primula sp. L. und Tulipa sp. L.)
Kolorierter Kupferstich aus dem Portefeuille zur Metamorphose, um 1790/1791
28,0 × 21,6 cm
GSA
Sign.: Goethe 26, LIV, 8
Lit.: Hansen 1907, Tafel D und E; LA I 9, Tafel VIII, IX, X
Zu §§ 40 und 44

Dieser Kupferstich, von dem es in Goethes Sammlungsnachlaß drei Reproduktionen gibt, wurde nach Aquarellen des Portefeuilles gefertigt. Durch die Übertragung von der Vorlage auf die Kupferplatte und den anschließenden Druckvorgang erscheinen die dargestellten Motive im Kupferstich seitenverkehrt (vgl. Abb. 34–35).

Zu den Aquarellen der Tulpenblüten gab Goethe folgende Erläuterungen:

»D. Tulpen, die sich im Uebergange von den Stengelblättern zur Krone gleichsam übereilen

1.2. Merkwürdiger Fall, wo ein Blatt zugleich Stengel und Kronenblatt ist.
3.4. Fall, wo Stengelblätter schon beynah völlig Gestalt und Farbe der Kronenblätter haben. Notb. Es versteht sich, daß die beyden Zeichnungen gemacht wurden, da die Krone der Blumen abgefallen war.« (LA II 9 A, S. 119.)

37
Blaue Tulpe (Tulipa sp. L.) *mit Übergang eines Stengelblattes in ein Blütenblatt*
Aquarell, vermutlich von J.C.W. Waitz nach Goethes Vorzeichnung, um 1795/1796
36,0 × 27,1 cm

GNM, Goethes Kunstsammlung
Inv.Nr.: 1757
Lit.: Schuster 1924, Tafel XII; Corpus V b, Nr. 111
Zu § 44

Methodisch ergibt sich aus der Beschreibung des Gestaltwandels die Notwendigkeit, die Pflanzenentwicklung in eine Stufenfolge aufzulösen (§ 10), ohne dabei auf den Nachweis zu verzichten, daß es sich bei der Metamorphose um ein Kontinuum handelt. Goethe verdeutlichte die Problematik morphologischer Beobachtung in der Einleitung zu den Morphologischen Heften:

»Betrachten wir aber alle Gestalten, besonders die organischen, so finden wir, daß nirgend ein Bestehendes, nirgend ein Ruhendes, ein Abgeschlossenes vorkommt, sondern daß vielmehr alles in einer steten Bewegung schwanke. Daher unsere Sprache das Wort Bildung sowohl von dem Hervorgebrachten als von dem Hervorgebrachtwerdenden gehörig genug zu brauchen pflegt.

Wollen wir also eine Morphologie einleiten, so dürfen wir nicht von Gestalt sprechen; sondern wenn wir das Wort brauchen, uns allenfalls dabei nur die Idee, den Begriff oder ein in der Erfahrung nur für den Augenblick Festgehaltenes denken.

Das Gebildete wird sogleich wieder umgebildet, und wir haben uns, wenn wir einigermaßen zum lebendigen Anschaun der Natur gelangen wollen, selbst so beweglich und bildsam zu erhalten, nach dem Beispiele mit dem sie uns vorgeht.« (LA I 9, S. 7.)

So sind es jene zufälligen oder regelmäßigen Erscheinungen augenscheinlicher Übergänge einer Entwicklungsstufe zur nächsten (oder übernächsten wie im Beispiel der Tulpen, deren Stengelblätter sich im »Uebergange . . . zur Krone gleichsam übereilen«), die als Indizien für die Stetigkeit der Entwicklung angeführt werden.

Gleichzeitig bekräftigen sie Goethes Hypothese von der Blattnatur der Pflanzenorgane.

38
Blumenrohr
(Canna indica L.)
Kolorierter Kupferstich von Conrad Felsing nach John Miller
54,5 × 38,0 cm
Aus: Borckhausen 1792 oder 1804
GNM, Goethes Kunstsammlung
Inv.Nr.: 2190
Lit.: Nissen; Bräuning-Oktavio
Zu § 47

Das zu den Cannaceen gehörende Blumenrohr weist einige Besonderheiten des Blütenbaus auf. Die eigentlichen Blätter der Blütenkrone, des Perianthes, sind relativ unscheinbar. Sie werden von fünf größeren, auffällig gefärbten Blättern überragt; vier sind sterile Staubblattumbildungen, das fünfte trägt den Pollenbehälter, die Anthere. Goethe wertete diese Verhältnisse als Beispiel des regelmäßigen Überganges zwischen Blütenblatt und Staubblatt.

39—40
Blüte der Gladiole (Gladiolus communis L.) *und Perigonblatt der Federnelke* (Dianthus plumarius L.); *Blüte der Ackerwinde* (Convolvulus arvensis L.)
Aquarelle aus dem Portefeuille zur Metamorphose, um 1790/1791
23,0 × 14,9 cm; 21,2 × 13,0 cm
GSA
Sign.: Goethe 26, LIV, 8
Lit.: Hansen 1907, Tafel F; LA I 9, Tafel XI, 1 und 2

Goethe gab dazu folgende Erläuterungen:
»F. Anzeige der Staminum in den Kronenblättern.
1. a. Merkwürdige Bildung des Gladiolus communis: Die obren drey Blätter sind einfärbig und größer als die untren, deren Peripherie sich schon zusammengezogen hat und in deren Mitte man drey antheren gleichsam wie gemahlt sieht, auf welche denn sogleich oberwärts die völlig ausgebildeten Stamina folgen.

b. Blatt einer Federnelke, an deren Nagel sich gleichsam ein Bild der anthere zeigt.
2. Ein Convolvul in deren Glocke sich auch gleichsam vorbereitende Bilder der künftigen antheren sehen lassen« (LA II 9 A, S. 119).

Wie aus der uns heute recht abwegig erscheinenden Erklärung hervorgeht, hielt Goethe die Blütenzeichnungen der abgebildeten Pflanzen für Staubblattandeutungen. Kontraste der Farbzeichnungen wie die Saftmale der Gladiole haben vielfach optische Signalwirkung auf bestäubende Insekten.

Als »Nagel« bezeichnet man den unteren schmalen Teil des Perigonblattes der Nelke, der obere breite Abschnitt wird »Platte« genannt.

41
Staubblatt-Blütenblatt-Umbildung bei der Rose
(Rosa sp.)
Aquarell aus dem Portefeuille zur Metamorphose, um 1790/1791
31,1 × 21,0 cm
GSA
Sign.: Goethe 26, LIV, 8
Zu § 48

Goethe gab dazu folgende Erläuterungen:
»F. Anzeige der Staminum in den Kronenblättern.
. . .
3. Blätter einer purpurfarbenen Rose
a. Dieselbigen ganz ausgebildet
b. Dieselbigen deren Peripherie sich zusammen zieht, wie sich nur die Spur einer anthere an ihnen entwickelt« (LA II 9 A, S. 119).

Aus der vielfachen Umbildung von Staub- und Blütenblättern bei Rosen entstehen die gefüllten Zuchtformen, dabei lassen sich verschiedene Stadien der Umbildung beobachten, nach Goethes Verständnis ein Beispiel rückschreitender Metamorphose. Er beschreibt den Vorgang allerdings in umgekehrter Folge als Blütenblatt-Staubblatt-Übergang.

Nektarien

42

Schwarzkümmel, Jungfer im Grünen
(Nigella damascena L.)
Herbarblatt
GNM, Goethes naturwissenschaftliche Sammlungen
Inv.Nr.: GN 1085 H

Im VII. Abschnitt seiner »Metamorphose der Pflanzen« behandelt Goethe die Nektarien als »langsame Übergänge von den Kelchblättern zu den Staubgefäßen« (§ 51). Nektarien sind drüsige Blütenorgane, die eine zuckerhaltige Flüssigkeit, den Nektar, bilden. Er dient der Anlockung bestäubender Insekten.

Nektarien, die aus Stengelblättern hervorgegangen sind, werden Honigblätter genannt. Der in § 57 erwähnte Schwarzkümmel besitzt derartige Honigblätter. Die volkstümliche Bezeichnung Jungfer im Grünen verdankt die Pflanze dem die Blüte außen umschließenden Komplex von Stengelblättern (dem sogen. Involucrum).

Der Schwarzkümmel, bei dem mehrere Stengelblätter den Blütenkomplex kelchartig umschließen, bietet zugleich ein Beispiel dafür, was Goethe im Abschnitt »Bildung des Kelches« § 34 beschreibt, daß nämlich »unveränderte Stengelblätter gleich unter der Krone zu einer Art Kelch« zusammenrücken.

Bildung des Griffels

43—44

Pistillbildungen bei der Schwertlilie (Iris germanica L.) *und der Feuerlilie* (Lilium bulbiferum L.)
Aquarelle aus dem Portefeuille zur Metamorphose, um 1790/1791
24,0 × 16,5 cm; 28,5 × 18,0 cm
GSA
Sign.: Goethe 26, LIV, 8
Lit.: Hansen 1907, Tafel G; LA I 9, Tafel XIII, 1 und 2
Zu § 71

Goethe gab dazu folgende Erläuterungen:
»G. Das Pistill betreffend.
1. Das blätterförmige Pistill der Iris

2. a. Das Blatt einer Feuerlilie, aus welchem man schon gleichsam die Wärzchen des Fig. b
b. von oben vergrößert gezeichneten Pistills erblickt.« (LA II 9 A, S. 120.)

Was Goethe hier als Pistill (= Stempel, Fruchtblatt) der Iris bezeichnet, ist lediglich der obere Teil dieses Organs, der sich in Fruchtknoten, Griffel und Narbe gliedert. Die Schwertlilie besitzt insgesamt drei Fruchtblätter, die zu einem gemeinsamen unterständigen Fruchtknoten verwachsen sind. Griffel und Narbe dagegen verwachsen nicht und sind blütenblattartig erweitert. Die Narbe wird von zwei Endzipfeln überragt. Jedem der blattähnlichen Griffeläste ist eine Anthere zugeordnet.

In den Perigonblättern der Feuerlilie vermeinte Goethe Andeutungen von Narbenpapillen zu erkennen.

Hier sei darauf hingewiesen, daß sich der Artname L. bulbiferum aus dem Vorhandensein von Brutzwiebeln (Bulbillen) in den Blattachseln herleitet.

45

Safrankrokus
(Crocus sativus L.)
Kolorierter Kupferstich von Conrad Felsing nach John Miller
54,5 × 38,0 cm
Aus: Borckhausen 1792 oder 1804
GNM, Goethes Kunstsammlung
Inv.Nr.: 2195
Lit.: Nissen; Bräuning-Oktavio
Zu § 71

Wie bei der Iris sind auch beim Krokus die unteren Bereiche der drei Fruchtblätter zu einem (wiederum unterständigen) Fruchtknoten vereint. Die Verwachsung der einzelnen Fruchtblätter (= Synkarpie, von Karpale = Fruchtblatt) ist jedoch hier weitergehend und erstreckt sich auf Teile des Griffels. Nur der obere Bereich des Griffelastes mit der Narbe ist frei (apokarp) und kelchartig ausgebildet.

Von den Früchten

46
Mäusedorn
(Ruscus aculeatus L.)
Herbarblatt
GNM, Goethes naturwissenschaftliche Sammlungen
Inv.Nr.: GN 863 H
Zu § 76

Goethe sah in der dem »Blatt« des Mäusedorns aufsitzenden Blüte und Frucht eine Offenbarung der im Blatt verborgenen Fruchtbarkeit. Tatsächlich hat bei dieser zu den Liliengewächsen gehörenden Pflanze eine Reduktion der Laubblätter stattgefunden. Ihre Zweige sind blattartig abgeflacht und zu sog. Phyllocladien umgebildet, die auch die Assimilationsfunktion des Blattes übernehmen. Die Blüten entspringen aus den Achseln unscheinbar schuppenförmiger Blattrudimente. Die Rückbildung der Laubblätter beim Mäusedorn ist eine Anpassung an seinen trockenen Lebensraum.

In § 73 der Metamorphoseschrift weist Goethe noch einmal zusammenfassend darauf hin, daß die Etappen der Pflanzenentwicklung von einem Wechsel zwischen Ausdehnung und Zusammenziehen begleitet sind. Und im § 81 schreibt er, daß jene Ausdehnung »sowohl an innerer Kraft als äußerer Gestalt oft sehr groß, ja ungeheuer« sei. Der Bestand an botanischen Darstellungen in Goethes Nachlaß deutet nicht darauf hin, daß er die Absicht hatte, die vielfältigen Fruchtbildungen in irgendeiner Form zu illustrieren. Dennoch seien hier und im folgenden einige Herbarblätter und Früchte aus der botanischen Sammlung vorgestellt, um zu veranschaulichen, vor welchem Anschauungs- und Erfahrungshintergrund jene Aussagen getroffen wurden.

47
Gemeiner Wurmfarn
(Dryopteris filix-mas [L.] Schott)
Herbarblatt
GNM, Goethes naturwissenschaftliche Sammlungen
Inv.Nr.: GN 1906 H

Im Abschnitt X hebt Goethe unter § 77 die ungeheure

Fruchtbarkeit »der Stengelblätter in den Farrenkräutern« hervor, »welche durch einen inneren Trieb, und vielleicht gar ohne bestimmte Wirkung zweier Geschlechter« unzählige Samen umherstreuen. Diese Worte zeugen von der zu jener Zeit noch bestehenden Unklarheit über die Fortpflanzungsverhältnisse und die systematische Zuordnung der Farne.

Linné, dessen für die botanische Systematik lange maßgebliches Werk »Systema naturae« 1735 in Leiden erschienen war, bediente sich schematisch-künstlicher Einteilungskriterien. Er klassifizierte die Pflanzen nach der Anzahl ihrer männlichen und weiblichen Geschlechtsorgane. Dieses Ordnungsprinzip konnte sich freilich nur auf solche Organismen erstrecken, die derartige Fortpflanzungsorgane auch aufweisen, nämlich auf die artenreiche und vielgestaltige Gruppe der Samenpflanzen (Spermatophyta). Algen, Pilze, Flechten, Moose und Farne faßte Linné in der 24. und letzten Klasse seines Systems als »Kryptogamen« (= die im Verborgenen zeugenden) zusammen.

Der Wurmfarn ist einer der bei uns häufig vorkommenden Vertreter der Farne. Die Farne (Pteridophyta) sind durch einen heteromorphen Generationswechsel gekennzeichnet, der hier nur grob skizziert werden kann. Die eigentliche Farnpflanze, der sog. Sporophyt, produziert auf dem Wege der Reduktionsteilung (Meiose) eine Vielzahl von Sporen, die sich in den auf der Unterseite des abgebildeten Farnwedels zu erkennenden Sporenbehältern – den Sporangien – befinden. Die Sporenbildung ist eine ungeschlechtliche Vermehrungsform. Aus den Sporen entwickelt sich der (haploide) Gametophyt, das unscheinbare, einfach organisierte Prothallium. Es bringt männliche und weibliche Gameten hervor. Mit der Vereinigung der Gameten beginnt die Entwicklung der nächsten Generation von Sporophyten. Stammesgeschichtlich sind die Samenpflanzen durch fortschreitende Reduktion des Gametophyten aus den Vorfahren der heutigen Farne hervorgegangen.

Blasenstrauch
(Colutea arborescens L.)
Herbarblatt
GNM, Goethes naturwissenschaftliche Sammlungen
Inv.Nr.: GN 1262 H
Zu § 81

Das Fruchtblatt des zu den Fabaceaen (Schmetterlings-blütlern) gehörenden Blasenstrauches entwickelt sich nach der Befruchtung zu einer voluminösen Hülse, der die Pflanze ihren Namen verdankt.

Auf dem Herbarblatt sind im oberen Bereich noch die Blüten und rechts unten bereits ausgebildete Früchte zu erkennen. Goethe schreibt sowohl den durch die Beteiligung der Laubblätter sich fortschreitend verfeinernden Säften als auch den »reinern Luftarten«, womit er den Sauerstoff meint, einen Anteil an der Herausbildung der Früchte zu.

Goethe scheint zum Zeitpunkt der Ausarbeitung seiner Metamorphoseschrift keine oder allenfalls nur eine vage Kenntnis von der 1779 durch Jan Ingenhousz entdeckten Fähigkeit der Pflanzen zur Photosynthese gehabt zu haben (s. § 26). Ingenhousz' Arbeit erschien bereits 1780 in deutscher Sprache. Am 2. März 1792 leitete Goethe eine Sitzung des Weimarischen Gelehrtenvereins, auf der über die Versuche des Holländers gesprochen wurde (vgl. LA II 9 A, S. 411).

49

Riesenhülse, Meerbohne
(Entada phaseoloides [L.] Merr.)
Teil der Fruchthülse
Länge 26,5 cm
GNM, Goethes naturwissenschaftliche Sammlungen
Inv.Nr.: GN 56 B

Die Früchte der Meerbohne sind Rahmenhülsen, in deren einzelnen Septen sich jeweils ein Samen (s. Abb. 27–29) befindet. Offensichtlich fand Goethe das Stück imposant genug, um es »auszustellen«; der noch in der Hülse steckende Nagel und die Bohrung für einen Faden deuten jedenfalls darauf hin.

Von den Augen und ihrer Entwicklung

50–51

Aufgebrochene Roßkastanie
(Aesculus hippocastanum L.)
Aquarell und Federskizze aus dem Portefeuille zur Metamorphose, um 1790/1791
25,9 × 19,7 cm; 21,0 × 10,1 cm
GSA
Sign.: Goethe 26, LIV, 8
Lit.: Hansen 1907, Tafel H; LA I 9, Tafel XIV, 1 und 2

Goethe gab dazu folgende Erläuterungen:

»H. Die aufgebrochene Knospe eines Kastanienbaums. Es ist die Absicht zu zeigen, wie hier die Winterkälte die verursacht daß der Zweig nicht egal fortsprossen kann durch eine äussere Wirkung eine Zusammenziehung verursacht, eine Centralstellung bewirkt und gleichsam einen Kelch und eine Krone bildet, aus welche der Zweig weiter heraustreibt, auch kann man sehen, wie die Stengelblätter sich nach und nach eben wie bey der Entwickelung aus dem Saamen sich ausbilden. Sie sind mit a.b.c. bezeichnet: denn die kleinen Zweige d u e sind hier weg zu denken, wie sie auch auf der Liniarzeichnung 2 weggeschnitten sind, welche aus den Augen und hinter den Blättern entstanden waren.« (LA II 9 A, S. 120.)

Wie Goethe bemerkt, kommt den Knospen (auch Blatt- und Blütenknospen) vor allem eine Schutzfunktion zu. Die Knospenschuppen der Roßkastanie sind Bildungen des Blattgrundes, während die eigentliche Blattspreite nur noch rudimentär erhalten ist.

Bildung der zusammengesetzten Blüten und Fruchtstände

52

Schlitzblattkarde
(Dipsacus laciniatus L.)
Kolorierter Kupferstich von Conrad Felsing nach John Miller
54,5 × 38,0 cm
Aus: Borckhausen 1792 oder 1804
GNM, Goethes Kunstsammlung
Inv.Nr.: 2198

Lit.: Nissen; Bräuning-Oktavio

In Abschnitt XIV wendete Goethe seine Metamorphosevorstellungen auf die Verhältnisse zusammengesetzter Blüten an. Die die Einzelblüten der Karde (§ 99) auffällig überragenden Spreublätter bezeichnete er als erhaltengebliebene Knotenblätter.

53
Durchgewachsene Rose von vorn und von hinten
Kolorierter Kupferstich nach Aquarellen aus dem Portefeuille zur Metamorphose, um 1790
27,3 × 21,7 cm
GSA
Sign.: Goethe 26, LIV, 8
Zu §§ 103, 104

Die durchgewachsenen Blüten liefern in Goethes Abhandlung den Beweis dafür, daß alle auf den Typus des Blattes zurückgeführten Pflanzenorgane in jedweder Weise auseinander hervorgebracht werden können.

Die Ansicht der Rose von hinten zeigt noch einmal, wie um die Sproßachse versammelte Laubblätter die Stelle des Kelches einnehmen.

J. W. von Goethe
Versuch die Metamorphose der Pflanzen zu erklären

Non quidem me fugit nebulis fubinde hoc emersuris iter offundi, istae tamen dissipabuntur facile ubi plurimum uti licebit experimentorum luce, natura enim sibi semper est similis licet nobis saepe ob necessariarum defectum observationum a se dissentire videatur.

**Linnaei Prolepsis Plantarum,
Diss. I.**

Inhalt

Einleitung

§ 1.

Ein jeder, der das Wachstum der Pflanzen nur einigermaßen beobachtet, wird leicht bemerken, daß gewisse äußere Teile derselben sich manchmal verwandeln und in die Gestalt der nächstliegenden Teile bald ganz, bald mehr oder weniger übergehen.

§ 2.

So verändert sich, zum Beispiel, meistens die einfache Blume dann in eine gefüllte, wenn sich, anstatt der Staubfäden und Staubbeutel, Blumenblätter entwickeln, die entweder an Gestalt und Farbe vollkommen den übrigen Blättern der Krone gleich sind, oder noch sichtbare Zeichen ihres Ursprungs an sich tragen.

§ 3.

Wenn wir nun bemerken, daß es auf diese Weise der Pflanze möglich ist, einen Schritt rückwärts zu tun, und die Ordnung des Wachstums umzukehren; so werden wir auf den regelmäßigen Weg der Natur desto aufmerksamer gemacht, und wir lernen die Gesetze der Umwandlung kennen, nach welchen sie Einen Teil durch den andern hervorbringt, und die verschiedensten Gestalten durch Modifikation eines einzigen Organs darstellt.

§ 4.

Die geheime Verwandtschaft der verschiedenen äußern Pflanzenteile, als der Blätter, des Kelchs, der Krone, der Staubfäden, welche sich nach einander und gleichsam aus einander entwickeln, ist von den Forschern im allgemeinen längst erkannt, ja auch besonders bearbeitet worden, und man hat die Wirkung, wodurch ein und dasselbe Organ sich uns mannigfaltig verändern sehen läßt, die *Metamorphose der Pflanzen* genannt.

§ 5.

Es zeigt sich uns diese Metamorphose auf dreierlei Art: *regelmäßig, unregelmäßig* und *zufällig*.

§ 6.

Die *regelmäßige* Metamorphose können wir auch die *fortschreitende* nennen: denn sie ist es, welche sich von den ersten Samenblättern bis zur letzten Ausbildung der Frucht immer stufenweise wirksam bemerken läßt, und durch Umwandlung einer Gestalt in die andere, gleichsam auf einer geistigen Leiter, zu jenem Gipfel der Natur, der Fortpflanzung durch zwei Geschlechter, hinauf steigt.

Diese ist es, welche ich mehrere Jahre aufmerksam beobachtet habe, und welche zu erklären ich gegenwärtigen Versuch unternehme. Wir werden auch deswegen bei der folgenden Demonstration die Pflanze nur insofern betrachten, als sie einjährig ist, und aus dem Samenkorne zur Befruchtung unaufhaltsam vorwärts schreitet.

§ 7.

Die *unregelmäßige* Metamorphose könnten wir auch die *rückschreitende* nennen. Denn wie in jenem Fall die Natur vorwärts zu dem großen Zwecke hineilt, tritt sie hier um eine oder einige Stufen rückwärts. Wie sie dort mit unwiderstehlichem Trieb und kräftiger Anstrengung die Blumen bildet, und zu den Werken der Liebe rüstet, so erschlafft sie hier gleichsam, und läßt unentschlossen ihr Geschöpf in einem unentschiedenen, weichen, unsern Augen oft gefälligen, aber innerlich unkräftigen und unwirksamen Zustande. Durch die Erfahrungen, welche wir an dieser Metamorphose zu machen Gelegenheit haben, werden wir dasjenige enthüllen können, was uns die regelmäßige verheimlicht, deutlich sehen, was wir dort nur schließen dürfen; und auf diese Weise steht es zu hoffen, daß wir unsere Absicht am sichersten erreichen.

§ 8.

Dagegen werden wir von der dritten Metamorphose, welche *zufällig*, von außen, besonders durch Insekten gewirkt wird, unsere Aufmerksamkeit wegwenden, weil sie uns von dem einfachen Wege, welchem wir zu folgen haben, ableiten und unsern Zweck verrücken könnte. Vielleicht findet sich an einem andern Orte Gelegenheit, von diesen monströsen, und doch in gewisse Grenzen eingeschränkten Auswüchsen zu sprechen.

§ 9.

Ich habe es gewagt, gegenwärtigen Versuch ohne Beziehung auf erläuternde Kupfer auszuarbeiten, die jedoch in manchem Betracht nötig scheinen möchten. Ich behalte mir vor, sie in der Folge nachzubringen, welches um so bequemer geschehen kann, da noch Stoff genug übrig ist, gegenwärtige kleine, nur vorläufige Abhandlung zu erläutern und weiter auszuführen. Es wird alsdann nicht nötig sein, einen so gemessenen Schritt wie gegenwärtig zu halten. Ich werde manches Verwandte herbei führen können, und mehrere Stellen aus gleichgesinnten Schriftstellern gesammlet, werden an ihrem rechten Platze stehen. Besonders werde ich von allen Erinnerungen gleichzeitiger Meister, deren sich diese edle Wissenschaft zu rühmen hat, Gebrauch zu machen nicht verfehlen. Diesen übergebe und widme ich hiermit gegenwärtige Blätter.

I.
Von den Samenblättern.

§ 10.

Da wir die Stufenfolge des Pflanzen-Wachstums zu beobachten uns vorgenommen haben, so richten wir unsere Aufmerksamkeit sogleich in dem Augenblicke auf die Pflanze, da sie sich aus dem Samenkorn entwickelt. In dieser Epoche können wir die Teile, welche unmittelbar zu ihr gehören, leicht und genau erkennen. Sie läßt ihre Hüllen mehr oder weniger in der Erde zurück, welche wir auch gegenwärtig nicht untersuchen, und bringt in vielen Fällen, wenn die Wurzel sich in den Boden befestigt hat, die ersten Organe ihres oberen Wachstums, welche schon unter der Samendecke verborgen gegenwärtig gewesen, an das Licht hervor.

§ 11.

Es sind diese ersten Organe unter dem Namen Kotyledonen bekannt; man hat sie auch Samenklappen, Kernstücke, Samenlappen, Samenblätter genannt, und so die verschiedenen Gestalten, in denen wir sie gewahr werden, zu bezeichnen gesucht.

§ 12.

Sie erscheinen oft unförmlich, mit einer rohen Materie gleichsam ausgestopft, und eben so sehr in die Dicke als in die Breite ausgedehnt; ihre Gefäße sind unkenntlich und von der Masse des Ganzen kaum zu unterscheiden; sie haben fast nichts Ähnliches von einem Blatte, und wir können verleitet werden, sie für besondere Organe anzusehen.

§ 13.

Doch nähern sie sich bei vielen Pflanzen der Blattgestalt; sie werden flächer, sie nehmen, dem Licht und der Luft ausgesetzt, die grüne Farbe in einem höhern Grade an, die in ihnen enthaltenen Gefäße werden kenntlicher, den Blattrippen ähnlicher.

84

§ 14.

Endlich erscheinen sie uns als wirkliche Blätter, ihre Gefäße sind der feinsten Ausbildung fähig, ihre Ähnlichkeit mit den folgenden Blättern erlaubt uns nicht, sie für besondere Organe zu halten, wir erkennen sie vielmehr für die ersten Blätter des Stengels.

§ 15.

Läßt sich nun aber ein Blatt nicht ohne Knoten, und ein Knoten nicht ohne Auge denken, so dürfen wir folgern, daß derjenige Punkt, wo die Kotyledonen angeheftet sind, der wahre erste Knotenpunkt der Pflanze sei. Es wird dieses durch diejenigen Pflanzen bekräftiget, welche unmittelbar unter den Flügeln der Kotyledonen junge Augen hervortreiben, und aus diesen ersten Knoten vollkommene Zweige entwickeln, wie z.B. Vicia Faba zu tun pflegt.

§ 16.

Die Kotyledonen sind meist gedoppelt, und wir finden hierbei eine Bemerkung zu machen, welche uns in der Folge noch wichtiger scheinen wird. Es sind nämlich die Blätter dieses ersten Knotens oft auch dann *gepaart*, wenn die folgenden Blätter des Stengels *wechselsweise* stehen; es zeigt sich also hier eine Annäherung und Verbindung der Teile, welche die Natur in der Folge trennt und von einander entfernt. Noch merkwürdiger ist es, wenn die Kotyledonen als viele Blättchen um Eine Achse versammlet erscheinen, und der aus ihrer Mitte sich nach und nach entwickelnde Stengel die folgenden Blätter einzeln um sich herum hervorbringt, welcher Fall sehr genau an dem Wachstum der Pinusarten sich bemerken läßt. Hier bildet ein Kranz von Nadeln gleichsam einen Kelch, und wir werden in der Folge, bei ähnlichen Erscheinungen, uns des gegenwärtigen Falles wieder zu erinnern haben.

§ 17.

Ganz unförmliche einzelne Kernstücke solcher Pflanzen, welche nur mit einem Blatte keimen, gehen wir gegenwärtig vorbei.

§ 18.

Dagegen bemerken wir, daß auch selbst die blattähnlichsten Kotyledonen, gegen die folgenden Blätter des Stengels gehalten, immer unausgebildeter sind. Vorzüglich ist ihre Peripherie höchst einfach, und an derselben sind so wenig Spuren von Einschnitten zu sehen, als auf ihren

Flächen sich Haare oder andere Gefäße ausgebildeter Blätter bemerken lassen.

II.
Ausbildung der Stengelblätter von Knoten zu Knoten.

§ 19.

Wir können nunmehr die sukzessive Ausbildung der Blätter genau betrachten, da die fortschreitenden Wirkungen der Natur alle vor unsern Augen vorgehn. Einige oder mehrere der nun folgenden Blätter sind oft schon in dem Samen gegenwärtig, und liegen zwischen den Kotyledonen eingeschlossen; sie sind in ihrem zusammengefalteten Zustande unter dem Namen des Federchens bekannt. Ihre Gestalt verhält sich gegen die Gestalt der Kotyledonen und der folgenden Blätter an verschiedenen Pflanzen verschieden, doch weichen sie meist von den Kotyledonen schon darin ab, daß sie flach, zart und überhaupt als wahre Blätter gebildet sind, sich völlig grün färben, auf einem sichtbaren Knoten ruhen, und ihre Verwandtschaft mit den folgenden Stengelblättern nicht mehr verleugnen können; welchen sie aber noch gewöhnlich darin nachstehen, daß ihre Peripherie, ihr Rand nicht vollkommen ausgebildet ist.

§ 20.

Doch breitet sich die fernere Ausbildung unaufhaltsam von Knoten zu Knoten durch das Blatt aus, indem sich die mittlere Rippe desselben verlängert und die von ihr entspringenden Nebenrippen sich mehr oder weniger nach den Seiten ausstrecken. Diese verschiedenen Verhältnisse der Rippen gegen einander sind die vornehmste Ursache der mannigfaltigen Blattgestalten. Die Blätter erscheinen nunmehr eingekerbt, tief eingeschnitten, aus mehreren Blättchen zusammengesetzt, in welchem letzten Falle sie uns vollkommene kleine Zweige vorbilden. Von einer solchen sukzessiven höchsten Vermannigfaltigung der einfachsten Blattgestalt gibt uns die Dattelpalme ein auffallendes Beispiel. In einer Folge von mehreren Blättern schiebt sich die Mittelrippe vor, das fächerartige einfache Blatt wird zerrissen, abgeteilt, und ein höchst zusammengesetztes mit einem Zweige wetteiferndes Blatt wird entwickelt.

§ 21.

In eben dem Maße, in welchem das Blatt selbst an Ausbildung zunimmt, bildet sich auch der Blattstiel aus, es sei nun, daß er unmittelbar mit seinem Blatte zusammenhange, oder ein besonderes in der Folge leicht abzutrennendes Stielchen ausmache.

§ 22.

Daß dieser für sich bestehende Blattstiel gleichfalls eine Neigung habe, sich in Blättergestalt zu verwandeln, sehen wir bei verschiedenen Gewächsen, z.B. an den Agrumen, und es wird uns seine Organisation in der Folge noch zu einigen Betrachtungen auffordern, welchen wir gegenwärtig ausweichen.

§ 23.

Auch können wir uns vorerst in die nähere Beobachtung der Afterblätter nicht einlassen; wir bemerken nur im Vorbeigehn, daß sie, besonders wenn sie einen Teil des Stiels ausmachen, bei der künftigen Umbildung desselben gleichfalls sonderbar verwandelt werden.

§ 24.

Wie nun die Blätter hauptsächlich ihre erste Nahrung den mehr oder weniger modifizierten wässerichten Teilen zu verdanken haben, welche sie dem Stamme entziehen, so sind sie ihre größere Ausbildung und Verfeinerung dem Lichte und der Luft schuldig. Wenn wir jene in der verschlossenen Samenhülle erzeugten Kotyledonen, mit einem rohen Safte nur gleichsam ausgestopft, fast gar nicht, oder nur grob organisiert und ungebildet finden: so zeigen sich uns die Blätter der Pflanzen, welche unter dem Wasser wachsen, gröber organisiert als andere, der freien Luft ausgesetzte; ja sogar entwickelt dieselbige Pflanzenart glättere und weniger verfeinerte Blätter, wenn sie in tiefen feuchten Orten wächst; da sie hingegen, in höhere Gegenden versetzt, rauhe, mit Haaren versehene, feiner ausgearbeitete Blätter hervorbringt.

§ 25.

Auf gleiche Weise wird die Anastomose der aus den Rippen entspringenden und sich mit ihren Enden einander aufsuchenden, die Blatthäutchen bildenden Gefäße durch feinere Luftarten, wo nicht allein bewirkt, doch wenigstens sehr befördert. Wenn Blätter vieler Pflanzen, die unter dem Wasser wachsen, fadenförmig sind, oder die Gestalt von Geweihen annehmen, so sind wir geneigt, es dem Mangel einer vollkommenen Anastomose zuzuschreiben. Augenscheinlich belehrt uns hiervon das Wachstum des Ranunculus aquaticus, dessen unter dem Wasser erzeugte Blätter aus fadenförmigen Rippen bestehen, die oberhalb des Wassers entwickelten aber völlig anastomosiert und zu einer zusammenhängenden Fläche ausgebildet sind. Ja es läßt sich an halb anastomosierten, halb fadenförmigen Blättern dieser Pflanze der Übergang genau bemerken.

§ 26.

Man hat sich durch Erfahrungen unterrichtet, daß die Blätter verschiedene Luftarten einsaugen, und sie mit den in ihrem Innern enthaltenen Feuchtigkeiten verbinden; auch bleibt wohl kein Zweifel übrig, daß sie diese feineren Säfte wieder in den Stengel zurückbringen, und die Ausbildung der in ihrer Nähe liegenden Augen dadurch vorzüglich befördern. Man hat die, aus den Blättern mehrerer Pflanzen, ja aus den Höhlungen der Rohre entwickelten Luftarten untersucht, und sich also vollkommen überzeugen können.

§ 27.

Wir bemerken bei mehreren Pflanzen, daß ein Knoten aus dem andern entspringt. Bei Stengeln, welche von Knoten zu Knoten geschlossen sind, bei den Cerealien, den Gräsern, Rohren, ist es in die Augen fallend; nicht eben so sehr bei andern Pflanzen, welche in der Mitte durchaus hohl und mit einem Mark oder vielmehr einem zelligen Gewebe ausgefüllt erscheinen. Da man nun aber diesem ehemals sogenannten Mark seinen bisher behaupteten Rang, neben den andern inneren Teilen der Pflanze, und wie uns scheint, mit überwiegenden Gründen, streitig gemacht[a]), ihm den scheinbar behaupteten Einfluß in das Wachstum abgesprochen und der innern Seite der zweiten Rinde, dem sogenannten Fleisch, alle Trieb- und Hervorbringungskraft zuzuschreiben nicht gezweifelt hat: so wird man sich gegenwärtig eher überzeugen, daß ein oberer Knoten, indem er aus dem vorhergehenden entsteht und die Säfte mittelbar durch ihn empfängt, solche feiner und filtrierter erhalten, auch von der inzwischen geschehenen Einwirkung der Blätter genießen, sich selbst feiner ausbilden und seinen Blättern und Augen feinere Säfte zubringen müsse.

a) Hedwig, in des Leipziger Magazins drittem Stück.

86

§ 28.

Indem nun auf diese Weise die roheren Flüssigkeiten immer abgeleitet, reinere herbeigeführt werden, und die Pflanze sich stufenweise feiner ausarbeitet, erreicht sie den von der Natur vorgeschriebenen Punkt. Wir sehen endlich die Blätter in ihrer größten Ausbreitung und Ausbildung, und werden bald darauf eine neue Erscheinung gewahr, welche uns unterrichtet: die bisher beobachtete Epoche sei vorbei, es nahe sich eine zweite, die Epoche der *Blüte*.

III.
Übergang zum Blütenstande.

§ 29.

Den Übergang zum Blütenstande sehen wir schneller oder langsamer geschehen. In dem letzten Falle bemerken wir gewöhnlich, daß die Stengelblätter von ihrer Peripherie herein sich wieder anfangen zusammen zu ziehen, besonders ihre mannigfaltigen äußern Einteilungen zu verlieren, sich dagegen an ihren untern Teilen, wo sie mit dem Stengel zusammenhängen, mehr oder weniger auszudehnen; in gleicher Zeit sehen wir, wo nicht die Räume des Stengels von Knoten zu Knoten merklich verlängert, doch wenigstens denselben gegen seinen vorigen Zustand viel feiner und schmächtiger gebildet.

§ 30.

Man hat bemerkt, daß häufige Nahrung den Blütenstand einer Pflanze verhindere, mäßige, ja kärgliche Nahrung ihn beschleunige. Es zeigt sich hierdurch die Wirkung der Stammblätter, von welcher oben die Rede gewesen, noch deutlicher. So lange noch rohere Säfte abzuführen sind, so lange müssen sich die möglichen Organe der Pflanze zu Werkzeugen dieses Bedürfnisses ausbilden. Dringt übermäßige Nahrung zu, so muß jene Operation immer wiederholt werden, und der Blütenstand wird gleichsam unmöglich. Entzieht man der Pflanze die Nahrung, so erleichtert und verkürzt man dagegen jene Wirkung der Natur; die Organe der Knoten werden verfeinert, die Wirkung der unverfälschten Säfte reiner und kräftiger, die Umwandlung der Teile wird möglich, und geschieht unaufhaltsam.

IV.
Bildung des Kelches.

§ 31.

Oft sehen wir diese Umwandlung schnell vor sich gehn, und in diesem Falle rückt der Stengel, von dem Knoten des letzten ausgebildeten Blattes an, auf einmal verlängt und verfeinert, in die Höhe; und versammelt an seinem Ende mehrere Blätter um eine Achse.

§ 32.

Daß die Blätter des Kelches eben dieselbigen Organe seien, welche sich bisher als Stengelblätter ausgebildet sehen lassen, nun aber oft in sehr veränderter Gestalt um einen gemeinschaftlichen Mittelpunkt versammelt stehen, läßt sich, wie uns dünkt, auf das deutlichste nachweisen.

§ 33.

Wir haben schon oben bei den Kotyledonen eine ähnliche Wirkung der Natur bemerkt, und mehrere Blätter, ja offenbar mehrere Knoten, um einen Punkt versammelt und neben einander gerückt gesehen. Es zeigen die Fichtenarten, indem sie sich aus dem Samenkorn entwickeln, einen Strahlenkranz von unverkennbaren Nadeln, welche, gegen die Gewohnheit anderer Kotyledonen, schon sehr ausgebildet sind; und wir sehen in der ersten Kindheit dieser Pflanze schon diejenige Kraft der Natur gleichsam angedeutet, wodurch in ihrem höheren Alter der Blüten- und Fruchtstand gewirkt werden soll.

§ 34.

Ferner sehen wir bei mehreren Blumen unveränderte Stengelblätter gleich unter der Krone zu einer Art von Kelch zusammengerückt. Da sie ihre Gestalt noch vollkommen an sich tragen, so dürfen wir uns hier nur auf den Augenschein und auf die botanische Terminologie berufen, welche sie mit dem Namen *Blütenblätter*, Folia floralia, bezeichnet hat.

§ 35.

Mit mehrerer Aufmerksamkeit haben wir den oben schon angeführten Fall zu beobachten, wo der Übergang zum Blütenstande langsam vorgeht, die Stengelblätter nach und nach sich zusammenziehen, sich verändern, und sich sachte in den Kelch gleichsam einschleichen; wie man solches bei Kelchen der Strahlenblumen, besonders der Sonnenblumen, der Kalendeln, gar leicht beobachten kann.

§ 36.

Diese Kraft der Natur, welche mehrere Blätter um eine Achse versammelt, sehen wir eine noch innigere Verbindung bewirken und sogar diese zusammengebrachten modifizierten Blätter noch unkenntlicher machen, indem sie solche unter einander manchmal ganz, oft aber nur zum Teil verbindet, und an ihren Seiten zusammengewachsen hervorbringt. Die so nahe an einander gerückten und gedrängten Blätter berühren sich auf das genauste in ihrem zarten Zustande, anastomosieren sich durch die Einwirkung der höchst reinen, in der Pflanze nunmehr gegenwärtigen Säfte, und stellen uns die glockenförmigen oder sogenannten *einblätterigen Kelche* dar, welche mehr oder weniger von oben herein eingeschnitten, oder geteilt, uns ihren zusammengesetzten Ursprung deutlich zeigen. Wir können uns durch den Augenschein hiervon belehren, wenn wir eine Anzahl tief eingeschnittener Kelche gegen mehrblätterige halten; besonders wenn wir die Kelche mancher Strahlenblumen genau betrachten. So werden wir zum Exempel sehen, daß ein Kelch der Kalendel, welcher in der systematischen Beschreibung als *einfach* und *vielgeteilt* aufgeführt wird, aus mehreren zusammen und über einander gewachsenen Blättern bestehe, zu welchen sich, wie schon oben gesagt, zusammengezogene Stammblätter gleichsam hinzuschleichen.

§ 37.

Bei vielen Pflanzen ist die Zahl und die Gestalt, in welcher die Kelchblätter, entweder einzeln oder zusammengewachsen, um die Achse des Stiels gereiht werden, beständig, so wie die übrigen folgenden Teile. Auf dieser Beständigkeit beruhet größtenteils das Wachstum, die Sicherheit, die Ehre der botanischen Wissenschaft, welche wir in diesen letztern Zeiten immer mehr haben zunehmen sehn. Bei andern Pflanzen ist die Anzahl und Bildung dieser Teile nicht gleich beständig; aber auch dieser Unbestand hat die scharfe Beobachtungsgabe der Meister dieser Wissenschaft nicht hintergehen können, sondern sie haben durch genaue Bestimmungen auch diese Abweichungen der Natur gleichsam in einen engern Kreis einzuschließen gesucht.

§ 38.

Auf diese Weise bildete also die Natur den Kelch, daß sie mehrere Blätter und folglich mehrere Knoten, welche sie sonst *nach einander*, und in einiger Entfernung *von einander* hervorgebracht hätte, *zusammen*, meist in einer gewissen bestimmten Zahl und Ordnung um einen Mittelpunkt verbindet. Wäre durch zudringende überflüssige Nahrung der Blütenstand verhindert worden; so würden sie alsdann aus einander gerückt, und in ihrer ersten Gestalt erschienen sein. Die Natur bildet also im Kelch kein neues Organ, sondern sie verbindet und modifiziert nur die uns schon bekannt gewordenen Organe, und bereitet sich dadurch eine Stufe näher zum Ziel.

V.
Bildung der Krone.

§ 39.
Wir haben gesehen, daß der Kelch durch verfeinerte Säfte, welche nach und nach in der Pflanze sich erzeugen, hervorgebracht werde, und so ist er nun wieder zum Organe einer künftigen weitern Verfeinerung bestimmt. Es wird uns dieses schon glaublich, wenn wir seine Wirkung auch bloß mechanisch erklären. Denn wie höchst zart und zur feinsten Filtration geschickt müssen Gefäße werden, welche, wie wir oben gesehen haben, in dem höchsten Grade zusammengezogen und an einander gedrängt sind.

§ 40.
Den Übergang des Kelchs zur Krone können wir in mehr als einem Fall bemerken; denn, obgleich die Farbe des Kelches noch gewöhnlich grün und der Farbe der Stengelblätter ähnlich bleibt, so verändert sich dieselbe doch oft an einem oder dem andern seiner Teile an den Spitzen, den Rändern, dem Rücken, oder gar an seiner inwendigen Seite, indessen die äußere noch grün bleibt; und wir sehen mit dieser Färbung jederzeit eine Verfeinerung verbunden. Dadurch entstehen zweideutige Kelche, welche mit gleichem Rechte für Kronen gehalten werden können.

§ 41.
Haben wir nun bemerkt, daß von den Samenblättern herauf eine große Ausdehnung und Ausbildung der Blätter, besonders ihrer Peripherie, und von da zu dem Kelche eine Zusammenziehung des Umkreises vor sich gehe; so bemerken wir, daß die Krone abermals durch eine Ausdehnung hervorgebracht werde. Die Kronenblätter sind gewöhnlich größer als die Kelchblätter, und es läßt sich bemerken, daß wie die Organe im Kelch zusammengezogen werden, sie sich nunmehr als Kronenblätter, durch den Einfluß reinerer, durch den Kelch abermals filtrierter

Säfte, in einem hohen Grade verfeint wieder ausdehnen, und uns neue, ganz verschiedene Organe vorbilden. Ihre feine Organisation, ihre Farbe, ihr Geruch würden uns ihren Ursprung ganz unkenntlich machen, wenn wir die Natur nicht in mehreren außerordentlichen Fällen belauschen könnten.

§ 42.
So findet sich z.B. innerhalb des Kelches einer Nelke manchmal ein zweiter Kelch, welcher zum Teil vollkommen grün, die Anlage zu einem einblätterigen eingeschnittenen Kelche zeigt; zum Teil zerrissen und an seinen Spitzen und Rändern zu zarten, ausgedehnten, gefärbten wirklichen Anfängen der Kronenblätter umgebildet wird, wodurch wir denn die Verwandtschaft der Krone und des Kelches abermals deutlich erkennen.

§ 43.
Die Verwandtschaft der Krone mit den Stengelblättern zeigt sich uns auch auf mehr als eine Art: denn es erscheinen an mehreren Pflanzen Stengelblätter schon mehr oder weniger gefärbt, lange ehe sie sich dem Blütenstande nähern; andere färben sich vollkommen in der Nähe des Blütenstandes.

§ 44.
Auch gehet die Natur manchmal, indem sie das Organ des Kelches gleichsam überspringt, unmittelbar zur Krone, und wir haben Gelegenheit, in diesem Falle gleichfalls zu beobachten, daß Stengelblätter zu Kronenblättern übergehen. So zeigt sich z.B. manchmal an den Tulpenstengeln ein beinahe völlig ausgebildetes und gefärbtes Kronenblatt. Ja noch merkwürdiger ist der Fall, wenn ein solches Blatt halb grün, mit seiner einen Hälfte zum Stengel gehörig, an demselben befestigt bleibt, indes sein anderer und gefärbter Teil mit der Krone empor gehoben, und das Blatt in zwei Teile zerrissen wird.

§ 45.
Es ist eine sehr wahrscheinliche Meinung, daß Farbe und Geruch der Kronenblätter der Gegenwart des männlichen Samens in denselben zuzuschreiben sei. Wahrscheinlich befindet er sich in ihnen noch nicht genugsam abgesondert, vielmehr mit andern Säften verbunden und diluiert; und die schönen Erscheinungen der Farben führen uns auf den Gedanken, daß die Materie, womit die Blätter ausgefüllt sind, zwar in einem hohen Grad von Reinheit,

aber noch nicht auf dem höchsten stehe, auf welchem sie uns weiß und ungefärbt erscheint.

VI.
Bildung der Staub-Werkzeuge.

§ 46.
Es wird uns dieses noch wahrscheinlicher, wenn wir die nahe Verwandtschaft der Kronenblätter mit den Staubwerkzeugen bedenken. Wäre die Verwandtschaft aller übrigen Teile unter einander eben so in die Augen fallend, so allgemein bemerkt und außer allem Zweifel gesetzt; so würde man gegenwärtigen Vortrag für überflüssig halten können.

§ 47.
Die Natur zeigt uns in einigen Fällen diesen Übergang regelmäßig, z.B. bei der Kanna, und mehreren Pflanzen dieser Familie. Ein wahres, wenig verändertes Kronenblatt zieht sich am obern Rande zusammen, und es zeigt sich ein Staubbeutel, bei welchen das übrige Blatt die Stelle des Staubfadens vertritt.

§ 48.
An Blumen, welche öfters gefüllt erscheinen, können wir diesen Übergang in allen seinen Stufen beobachten. Bei mehreren Rosenarten zeigen sich innerhalb der vollkommen gebildeten und gefärbten Kronenblätter andere, welche teils in der Mitte, teils an der Seite zusammengezogen sind; diese Zusammenziehung wird von einer kleinen Schwiele bewirkt, welche sich mehr oder weniger als ein vollkommener Staubbeutel sehen läßt, und in eben diesem Grade nähert sich das Blatt der einfacheren Gestalt eines Staubwerkzeugs. Bei einigen gefüllten Mohnen ruhen völlig ausgebildete Antheren auf wenig veränderten Blättern der stark gefüllten Kronen, bei andern ziehen staubbeutelähnliche Schwielen die Blätter mehr oder weniger zusammen.

§ 49.
Verwandeln sich nun alle Staubwerkzeuge in Kronenblätter, so werden die Blumen unfruchtbar; werden aber in einer Blume, indem sie sich füllt, doch noch Staubwerkzeuge entwickelt, so gehet die Befruchtung vor sich.

§ 50.
Und so entstehet ein Staubwerkzeug, wenn die Organe, die wir bisher als Kronenblätter sich ausbreiten gesehen, wieder in einem höchst zusammengezogen und zugleich in einem höchst verfeinten Zustande erscheinen. Die oben vorgetragene Bemerkung wird dadurch abermals bestätigt und wir werden auf diese abwechselnde Wirkung der Zusammenziehung und Ausdehnung, wodurch die Natur endlich ans Ziel gelangt, immer aufmerksamer gemacht.

VII.
Nektarien.

§ 51.
So schnell der Übergang bei manchen Pflanzen von der Krone zu den Staubwerkzeugen ist, so bemerken wir doch, daß die Natur nicht immer diesen Weg mit einem Schritt zurücklegen kann. Sie bringt vielmehr Zwischenwerkzeuge hervor, welche an Gestalt und Bestimmung sich bald dem einen, bald dem andern Teile nähern, und obgleich ihre Bildung höchst verschieden ist, sich dennoch meist unter Einen Begriff vereinigen lassen: daß es *langsame Übergänge von den Kelchblättern zu den Staubgefäßen* seien.

§ 52.
Die meisten jener verschieden gebildeten Organe, welche Linné mit dem Namen Nektarien bezeichnet, lassen sich unter diesem Begriff vereinigen; und wir finden auch hier Gelegenheit, den großen Scharfsinn des außerordentlichen Mannes zu bewundern, der, ohne sich die Bestimmung dieser Teile ganz deutlich zu machen, sich auf eine Ahndung verließ, und sehr verschieden scheinende Organe mit Einem Namen zu belegen wagte.

§ 53.
Es zeigen uns verschiedene Kronenblätter schon ihre Verwandtschaft mit den Staubgefäßen dadurch, daß sie, ohne ihre Gestalt merklich zu verändern, Grübchen oder Glandeln an sich tragen, welche einen honigartigen Saft abscheiden. Daß dieser eine noch unausgearbeitete, nicht völlig determinierte Befruchtungs-Feuchtigkeit sei, können wir in den schon oben angeführten Rücksichten einigermaßen vermuten, und diese Vermutung wird durch Gründe, welche wir unten anführen werden, noch einen höhern Grad von Wahrscheinlichkeit erreichen.

§ 54.

Nun zeigen sich auch die sogenannten Nektarien als für sich bestehende Teile; und dann nähert sich ihre Bildung bald den Kronenblättern, bald den Staubwerkzeugen. So sind z.E. die dreizehn Fäden, mit ihren eben so vielen roten Kügelchen auf den Nektarien der Parnassia den Staubwerkzeugen höchst ähnlich. Andere zeigen sich als Staubfäden ohne Antheren, als an der Vallisneria, der Fevillea; wir finden sie an der Pentapetes in einem Kreise mit den Staubwerkzeugen regelmäßig abwechseln, und zwar schon in Blattgestalt; auch werden sie in der systematischen Beschreibung als Filamenta castrata petaliformia aufgeführt. Eben solche schwankende Bildungen sehen wir an der Kiggellaria und der Passionsblume.

§ 55.

Gleichfalls scheinen uns die eigentlichen *Nebenkronen* den Namen der Nektarien in dem oben angegebenen Sinne zu verdienen. Denn wenn die Bildung der Kronenblätter durch eine Ausdehnung geschieht, so werden dagegen die Nebenkronen durch eine Zusammenziehung, folglich auf eben die Weise wie die Staubwerkzeuge gebildet. So sehen wir, innerhalb vollkommener ausgebreiteter Kronen, kleinere zusammengezogene Nebenkronen, wie im Narzissus, dem Nerium, dem Agrostemma.

§ 56.

Noch sehen wir bei verschiedenen Geschlechtern andere Veränderungen der Blätter, welche auffallender und merkwürdiger sind. Wir bemerken an verschiedenen Blumen, daß ihre Blätter inwendig, unten, eine kleine Vertiefung haben, welche mit einem honigartigen Safte ausgefüllt ist. Dieses Grübchen, indem es sich bei andern Blumengeschlechtern und Arten mehr vertieft, bringt auf der Rückseite des Blatts eine sporn- oder hornartige Verlängerung hervor, und die Gestalt des übrigen Blattes wird sogleich mehr oder weniger modifiziert. Wir können dieses an verschiedenen Arten und Varietäten des Agleis genau bemerken.

§ 57.

Im höchsten Grad der Verwandlung findet man dieses Organ, z.B. bei dem Akonitum und der Nigella, wo man aber doch mit geringer Aufmerksamkeit ihre Blattähnlichkeit bemerken wird; besonders wachsen sie bei der Nigella leicht wieder in Blätter aus, und die Blume wird durch die Umwandlung der Nektarien gefüllt. Bei dem

90

Aconito wird man mit einiger aufmerksamen Beschauung die Ähnlichkeit der Nektarien und des gewölbten Blattes, unter welchem sie verdeckt stehen, erkennen.

§ 58.

Haben wir nun oben gesagt, daß die Nektarien Annäherungen der Kronenblätter zu den Staubgefäßen seien, so können wir bei dieser Gelegenheit über die unregelmäßigen Blumen einige Bemerkungen machen. So könnten z.E. die fünf äußern Blätter des Melianthus als wahre Kronenblätter aufgeführt, die fünf innern aber als eine Nebenkrone, aus sechs Nektarien bestehend, beschrieben werden, wovon das obere sich der Blattgestalt am meisten nähert, das untere, das auch jetzt schon Nektarium heißt, sich am weitsten von ihr entfernt. In eben dem Sinne könnte man die Karina der Schmetterlings-Blumen ein Nektarium nennen, indem sie unter den Blättern dieser Blume sich an die Gestalt der Staubwerkzeuge am nächsten heran bildet, und sich sehr weit von der Blattgestalt des sogenannten Vexilli entfernt. Wir werden auf diese Weise die pinselförmigen Körper, welche an dem Ende der Karina einiger Arten der Polygala befestigt sind, gar leicht erklären, und uns von der Bestimmung dieser Teile einen deutlichen Begriff machen können.

§ 59.

Unnötig würde es sein, sich hier ernstlich zu verwahren, daß es bei diesen Bemerkungen die Absicht nicht sei, das durch die Bemühungen der Beobachter und Ordner bisher Abgesonderte und in Fächer Gebrachte zu verwirren; man wünscht nur, durch diese Betrachtungen die abweichenden Bildungen der Pflanzen erklärbarer zu machen.

VIII.
Noch einiges von den Staubwerkzeugen.

§ 60.

Daß die Geschlechtsteile der Pflanzen durch die Spiralgefäße wie die übrigen Teile hervorgebracht werden, ist durch mikroskopische Beobachtungen außer allem Zweifel gesetzt. Wir nehmen daraus ein Argument für die innere Identität der verschiedenen Pflanzenteile, welche uns bisher in so mannigfaltigen Gestalten erschienen sind.

§ 61.
Wenn nun die Spiralgefäße in der Mitte der Saftgefäß-Bündel liegen, und von ihnen umschlossen werden; so können wir uns jene starke Zusammenziehung einigermaßen näher vorstellen, wenn wir die Spiralgefäße, die uns wirklich als elastische Federn erscheinen, in ihrer höchsten Kraft gedenken, so daß sie überwiegend, hingegen die Ausdehnung der Saftgefäße subordiniert wird.

§ 62.
Die verkürzten Gefäßbündel können sich nun nicht mehr ausbreiten, sich einander nicht mehr aufsuchen und durch Anastomose kein Netz mehr bilden; die Schlauchgefäße, welche sonst die Zwischenräume des Netzes ausfüllen, können sich nicht mehr entwickeln, alle Ursachen, wodurch Stengel-, Kelch- und Blumenblätter sich in die Breite ausgedehnt haben, fallen hier völlig weg, und es entsteht ein schwacher höchst einfacher Faden.

§ 63.
Kaum daß noch die feinen Häutchen der Staubbeutel gebildet werden, zwischen welchen sich die höchst zarten Gefäße nunmehr endigen. Wenn wir nun annehmen, daß hier eben jene Gefäße, welche sich sonst verlängerten, ausbreiteten und sich einander wieder aufsuchten, gegenwärtig in einem höchst zusammengezogenen Zustande sind; wenn wir aus ihnen nunmehr den höchst ausgebildeten Samenstaub hervordringen sehen, welcher das durch seine Tätigkeit ersetzt, was den Gefäßen, die ihn hervorbringen, an Ausbreitung entzogen ist; wenn er nunmehr losgelöst die weiblichen Teile aufsucht, welche den Staubgefäßen durch gleiche Wirkung der Natur entgegen gewachsen sind; wenn er sich fest an sie anhängt, und seine Einflüsse ihnen mitteilt: so sind wir nicht abgeneigt, die Verbindung der beiden Geschlechter eine geistige Anastomose zu nennen, und glauben wenigstens einen Augenblick die Begriffe von Wachstum und Zeugung einander näher gerückt zu haben.

§ 64.
Die feine Materie, welche sich in den Antheren entwickelt, erscheint uns als ein Staub; diese Staubkügelchen sind aber nur Gefäße, worin höchst feiner Saft aufbewahrt ist. Wir pflichten daher der Meinung derjenigen bei, welche behaupten, daß dieser Saft von den Pistillen, an denen sich die Staubkügelchen anhängen, eingesogen und so die Befruchtung bewirkt werde. Es wird dieses um so wahr-

scheinlicher, da einige Pflanzen keinen Samenstaub, vielmehr nur eine bloße Feuchtigkeit absondern.

§ 65.
Wir erinnern uns hier des honigartigen Saftes der Nektarien, und dessen wahrscheinlicher Verwandtschaft mit der ausgearbeitetern Feuchtigkeit der Samenbläschen. Vielleicht sind die Nektarien vorbereitende Werkzeuge, vielleicht wird ihre honigartige Feuchtigkeit von den Staubgefäßen eingesogen, mehr determiniert und völlig ausgearbeitet; eine Meinung, die um so wahrscheinlicher wird, da man nach der Befruchtung diesen Saft nicht mehr bemerkt.

§ 66.
Wir lassen hier, obgleich nur im Vorbeigehen, nicht unbemerkt, daß sowohl die Staubfäden als Antheren verschiedentlich zusammengewachsen sind, und uns die wunderbarsten Beispiele der schon mehrmals von uns angeführten Anastomose und Verbindung der in ihren ersten Anfängen wahrhaft getrennten Pflanzenteile zeigen.

IX.
Bildung des Griffels.

§ 67.
War ich bisher bemüht, die innere Identität der verschiedenen, nach einander entwickelten Pflanzenteile, bei der größten Abweichung der äußern Gestalt, so viel es möglich gewesen, anschaulich zu machen; so wird man leicht vermuten können, daß nunmehr meine Absicht sei, auch die Struktur der weiblichen Teile auf diesem Wege zu erklären.

§ 68.
Wir betrachten zuvörderst den Griffel von der Frucht abgesondert, wie wir ihn auch oft in der Natur finden; und um so mehr können wir es tun, da er sich in dieser Gestalt von der Frucht unterschieden zeigt.

§ 69.
Wir bemerken nämlich, daß der Griffel auf eben der Stufe des Wachstums stehe, wo wir die Staubgefäße gefunden haben. Wir konnten nämlich beobachten, daß die Staubgefäße durch eine Zusammenziehung hervorgebracht werden; die Griffel sind oft in demselbigen Falle, und wir

sehen sie, wenn auch nicht immer mit den Staubgefäßen von gleichem Maße, doch nur um weniges länger oder kürzer gebildet. In vielen Fällen sieht der Griffel fast einem Staubfaden ohne Anthere gleich, und die Verwandtschaft ihrer Bildung ist äußerlich größer als bei den übrigen Teilen. Da sie nun beiderseits durch Spiralgefäße hervorgebracht werden, so sehen wir desto deutlicher, daß der weibliche Teil so wenig als der männliche ein besonderes Organ sei, und wenn die genaue Verwandtschaft desselben mit dem männlichen uns durch diese Betrachtung recht anschaulich wird, so finden wir jenen Gedanken, die Begattung eine Anastomose zu nennen, passender und einleuchtender.

§ 70.

Wir finden den Griffel sehr oft aus mehreren einzelnen Griffeln zusammengewachsen, und die Teile, aus denen er bestehet, lassen sich kaum am Ende, wo sie nicht einmal immer getrennt sind, erkennen. Dieses Zusammenwachsen, dessen Wirkung wir schon öfters bemerkt haben, wird hier am meisten möglich; ja es muß geschehen, weil die feinen Teile vor ihrer gänzlichen Entwickelung in der Mitte des Blütenstandes zusammengedrängt sind, und sich auf das innigste mit einander verbinden können.

§ 71.

Die nahe Verwandtschaft mit den vorhergehenden Teilen des Blütenstandes zeigt uns die Natur in verschiedenen regelmäßigen Fällen mehr oder weniger deutlich. So ist z.B. das Pistill der Iris mit seiner Narbe in völliger Gestalt eines Blumenblattes vor unsern Augen. Die schirmförmige Narbe der Sarazenie zeigt sich zwar nicht so auffallend aus mehreren Blättern zusammengesetzt, doch verleugnet sie sogar die grüne Farbe nicht. Wollen wir das Mikroskop zu Hülfe nehmen, so finden wir mehrere Narben, z.E. des Krokus, der Zanichella, als völlige ein- oder mehrblätterige Kelche gebildet.

§ 72.

Rückschreitend zeigt uns die Natur öfters den Fall, daß sie die Griffel und Narben wieder in Blumenblätter verwandelt; z.B. füllt sich der Ranunculus asiaticus dadurch, daß sich die Narben und Pistille des Fruchtbehälters zu wahren Kronenblättern umbilden, indessen die Staubwerkzeuge, gleich hinter der Krone, oft unverändert gefunden werden. Einige andere bedeutende Fälle werden unten vorkommen.

§ 73.

Wir wiederholen hier jene oben angezeigten Bemerkungen, daß Griffel und Staubfäden auf der gleichen Stufe des Wachstums stehen, und erläutern jenen Grund des wechselsweisen Ausdehnens und Zusammenziehens dadurch abermals. Vom Samen bis zu der höchsten Entwicklung des Stengelblattes bemerkten wir zuerst eine Ausdehnung, darauf sahen wir durch eine Zusammenziehung den Kelch entstehen, die Blumenblätter durch eine Ausdehnung, die Geschlechtsteile abermals durch eine Zusammenziehung; und wir werden nun bald die größte Ausdehnung in der Frucht, und die größte Konzentration in dem Samen gewahr werden. In diesen sechs Schritten vollendet die Natur unaufhaltsam das ewige Werk der Fortpflanzung der Vegetabilien durch zwei Geschlechter.

X.
Von den Früchten.

§ 74.

Wir werden nunmehr die Früchte zu beobachten haben, und uns bald überzeugen, daß dieselben gleichen Ursprungs und gleichen Gesetzen unterworfen seien. Wir reden hier eigentlich von solchen Gehäusen, welche die Natur bildet, um die sogenannten bedeckten Samen einzuschließen, oder vielmehr aus dem Innersten dieser Gehäuse durch die Begattung eine größere oder geringere Anzahl Samen zu entwickeln. Daß diese Behältnisse gleichfalls aus der Natur und Organisation der bisher betrachteten Teile zu erklären seien, wird sich mit wenigem zeigen lassen.

§ 75.

Die rückschreitende Metamorphose macht uns hier abermals auf dieses Naturgesetz aufmerksam. So läßt sich zum Beispiel an den Nelken, diesen eben wegen ihrer Ausartung so bekannten und beliebten Blumen, oft bemerken, daß die Samenkapseln sich wieder in kelchähnliche Blätter verändern, und daß in eben diesem Maße die aufgesetzten Griffel an Länge abnehmen; ja es finden sich Nelken, an denen sich das Fruchtbehältnis in einen wirklichen vollkommenen Kelch verwandelt hat, indes die Einschnitte desselben an der Spitze noch zarte Überbleibsel der Griffel und Narben tragen, und sich aus dem Innersten dieses zweiten Kelchs wieder eine mehr oder weniger vollständige Blätterkrone statt der Samen entwickelt.

§ 76.

Ferner hat uns die Natur selbst durch regelmäßige und beständige Bildungen auf eine sehr mannigfaltige Weise die Fruchtbarkeit geoffenbart, welche in einem Blatt verborgen liegt. So bringt ein zwar verändertes, doch noch völlig kenntliches Blatt der Linde aus seiner Mittelrippe ein Stielchen und an demselben eine vollkommene Blüte und Frucht hervor. Bei dem Ruscus ist die Art, wie Blüten und Früchte auf den Blättern aufsitzen, noch merkwürdiger.

§ 77.

Noch stärker und gleichsam ungeheuer wird uns die unmittelbare Fruchtbarkeit der Stengelblätter in den Farrenkräutern vor Augen gelegt, welche durch einen innern Trieb, und vielleicht gar ohne bestimmte Wirkung zweier Geschlechter, unzählige, des Wachstums fähige Samen, oder vielmehr Keime entwickeln und umherstreuen, wo also ein Blatt an Fruchtbarkeit mit einer ausgebreiteten Pflanze, mit einem großen und ästereichen Baume wetteifert.

§ 78.

Wenn wir diese Beobachtungen gegenwärtig behalten, so werden wir in den Samenbehältern, ohnerachtet ihrer mannigfaltigen Bildung, ihrer besonderen Bestimmung und Verbindung unter sich, die Blattgestalt nicht verkennen. So wäre z.B. die Hülse ein einfaches zusammengeschlagenes, an seinen Rändern verwachsenes Blatt, die Schoten würden aus mehr über einander gewachsenen Blättern bestehen, die zusammengesetzten Gehäuse erklärten sich aus mehreren Blättern, welche sich um einen Mittelpunkt vereiniget, ihr Innerstes gegen einander aufgeschlossen, und ihre Ränder mit einander verbunden hätten. Wir können uns hiervon durch den Augenschein überzeugen, wenn solche zusammengesetzte Kapseln nach der Reife von einander springen, da denn jeder Teil derselben sich uns als eine eröffnete Hülse oder Schote zeigt. Eben so sehen wir bei verschiedenen Arten eines und desselben Geschlechts eine ähnliche Wirkung regelmäßig vorgehen; z.B. sind die Fruchtkapseln der Nigella orientalis, in der Gestalt von halb mit einander verwachsenen Hülsen, um eine Achse versammelt, wenn sie bei der Nigella Damascena völlig zusammengewachsen erscheinen.

§ 79.

Am meisten rückt uns die Natur diese Blattähnlichkeit aus den Augen, indem sie saftige und weiche oder holzartige und feste Samenbehälter bildet; allein sie wird unserer Aufmerksamkeit nicht entschlüpfen können, wenn wir ihr in allen Übergängen sorgfältig zu folgen wissen. Hier sei es genug, den allgemeinen Begriff davon angezeigt und die Übereinstimmung der Natur an einigen Beispielen gewiesen zu haben. Die große Mannigfaltigkeit der Samenkapseln gibt uns künftig Stoff zu mehrerer Betrachtung.

§ 80.

Die Verwandtschaft der Samenkapseln mit den vorhergehenden Teilen zeigt sich auch durch das Stigma, welches bei vielen unmittelbar aufsitzt und mit der Kapsel unzertrennlich verbunden ist. Wir haben die Verwandtschaft der Narbe mit der Blattgestalt schon oben gezeigt und können hier sie nochmals aufführen; indem sich bei gefüllten Mohnen bemerken läßt, daß die Narben der Samenkapseln in farbige, zarte, Kronenblättern völlig ähnliche Blättchen verwandelt werden.

§ 81.

Die letzte und größte Ausdehnung, welche die Pflanze in ihrem Wachstum vornimmt, zeigt sich in der Frucht. Sie ist sowohl an innerer Kraft als äußerer Gestalt oft sehr groß, ja ungeheuer. Da sie gewöhnlich nach der Befruchtung vor sich gehet, so scheint der nun mehr determinierte Same, indem er zu seinem Wachstum aus der ganzen Pflanze die Säfte herbeiziehet, ihnen die Hauptrichtung nach der Samenkapsel zu geben, wodurch denn ihre Gefäße genährt, erweitert und oft in dem höchsten Grade ausgefüllt und ausgespannt werden. Daß hieran reinere Luftarten einen großen Anteil haben, läßt sich schon aus dem Vorigen schließen, und es bestätigt sich durch die Erfahrung, daß die aufgetriebenen Hülsen der Kolutea reine Luft enthalten.

XI.
Von den unmittelbaren Hüllen des Samens.

§ 82.

Dagegen finden wir, daß der Same in dem höchsten Grade von Zusammenziehung und Ausbildung seines Innern sich befindet. Es läßt sich bei verschiedenen Samen bemerken, daß er Blätter zu seinen nächsten Hüllen umbilde, mehr oder weniger sich anpasse, ja meistens durch seine Gewalt sie völlig an sich schließe und ihre Gestalt gänzlich verwandle. Da wir oben mehrere Samen sich aus und in Einem Blatt entwickeln gesehn, so werden wir uns nicht wundern, wenn ein einzelner Samenkeim sich in eine Blatthülle kleidet.

§ 83.

Die Spuren solcher nicht völlig den Samen angepaßten Blattgestalten sehen wir an vielen geflügelten Samen, z.B. des Ahorns, der Rüster, der Esche, der Birke. Ein sehr merkwürdiges Beispiel, wie der Samenkeim breitere Hüllen nach und nach zusammenzieht und sich anpaßt, geben uns die drei verschiedenen Kreise verschiedengestalteter Samen der Kalendel. Der äußerste Kreis behält noch eine mit den Kelchblättern verwandte Gestalt; nur daß eine, die Rippe ausdehnende Samenanlage das Blatt krümmt, und die Krümmung inwendig der Länge nach durch ein Häutchen in zwei Teile abgesondert wird. Der folgende Kreis hat sich schon mehr verändert, die Breite des Blättchens und das Häutchen haben sich gänzlich verloren; dagegen ist die Gestalt etwas weniger verlängert, die in dem Rücken befindliche Samenanlage zeigt sich deutlicher und die kleinen Erhöhungen auf derselben sind stärker; diese beiden Reihen scheinen entweder gar nicht, oder nur unvollkommen befruchtet zu sein. Auf sie folgt die dritte Samenreihe in ihrer echten Gestalt stark gekrümmt, und mit einem völlig angepaßten, und in allen seinen Striefen und Erhöhungen völlig ausgebildeten Involucro. Wir sehen hier abermals eine gewaltsame Zusammenziehung ausgebreiteter, blattähnlicher Teile, und zwar durch die innere Kraft des Samens, wie wir oben durch die Kraft der Anthere das Blumenblatt zusammengezogen gesehen haben.

XII.
Rückblick und Übergang.

§ 84.

Und so wären wir der Natur auf ihren Schritten so bedachtsam als möglich gefolgt; wir hätten die äußere Gestalt der Pflanze in allen ihren Umwandlungen, von ihrer Entwickelung aus dem Samenkorn bis zur neuen Bildung desselben begleitet, und ohne Anmaßung, die ersten Triebfedern der Naturwirkungen entdecken zu wollen, auf Äußerung der Kräfte, durch welche die Pflanze ein und eben dasselbe Organ nach und nach umbildet, unsre

94

Aufmerksamkeit gerichtet. Um den einmal ergriffenen Faden nicht zu verlassen, haben wir die Pflanze durchgehends nur als einjährig betrachtet, wir haben nur die Umwandlung der Blätter, welche die Knoten begleiten, bemerkt, und alle Gestalten aus ihnen hergeleitet. Allein es wird, um diesem Versuch die nötige Vollständigkeit zu geben, nunmehr noch nötig, von den *Augen* zu sprechen, welche unter jedem Blatt verborgen liegen, sich unter gewissen Umständen entwickeln, und unter andern völlig zu verschwinden scheinen.

XIII.
Von den Augen und ihrer Entwickelung.

§ 85.

Jeder Knoten hat von der Natur die Kraft, ein oder mehrere Augen hervorzubringen; und zwar geschieht solches in der Nähe der ihn bekleidenden Blätter, welche die Bildung und das Wachstum der Augen vorzubereiten und mit zu bewirken scheinen.

§ 86.

In der sukzessiven Entwickelung eines Knotens aus dem andern, in der Bildung eines Blattes an jedem Knoten und eines Auges in dessen Nähe, beruhet die erste, einfache, langsam fortschreitende Fortpflanzung der Vegetabilien.

§ 87.

Es ist bekannt, daß ein solches Auge in seinen Wirkungen eine große Ähnlichkeit mit dem reifen Samen hat; und daß oft in jenem noch mehr als in diesem die ganze Gestalt der künftigen Pflanze erkannt werden kann.

§ 88.

Ob sich gleich an dem Auge ein Wurzelpunkt so leicht nicht bemerken läßt, so ist doch derselbe eben so darin wie in dem Samen gegenwärtig, und entwickelt sich, besonders durch feuchte Einflüsse, leicht und schnell.

§ 89.

Das Auge bedarf keiner Kotyledonen, weil es mit seiner schon völlig organisierten Mutterpflanze zusammenhängt, und aus derselbigen, so lange es mit ihr verbunden ist, oder, nach der Trennung, von der neuen Pflanze, auf welche man es gebracht hat, oder durch die alsobald gebildeten Wurzeln, wenn man einen Zweig in die Erde bringt, hinreichende Nahrung erhält.

§ 90.

Das Auge besteht aus mehr oder weniger entwickelten Knoten und Blättern, welche den künftigen Wachstum weiter verbreiten sollen. Die Seitenzweige also, welche aus den Knoten der Pflanzen entspringen, lassen sich als besondere Pflänzchen, welche eben so auf dem Mutterkörper stehen, wie dieser an der Erde befestigt ist, betrachten.

§ 91.

Die Vergleichung und Unterscheidung beider ist schon öfters, besonders aber vor kurzem so scharfsinnig und mit so vieler Genauigkeit ausgeführt worden, daß wir uns hier bloß mit einem unbedingten Beifall darauf berufen können[b]).

b)   Gaertner de fructibus et seminibus plantarum. Cap. 1.

§ 92.

Wir führen davon nur so viel an. Die Natur unterscheidet bei ausgebildeten Pflanzen Augen und Samen deutlich von einander. Steigen wir aber von da zu den unausgebildeten Pflanzen herab, so scheint sich der Unterschied zwischen beiden selbst vor den Blicken des schärfsten Beobachters zu verlieren. Es gibt unbezweifelte Samen, unbezweifelte Gemmen; aber der Punkt, wo wirklich befruchtete, durch die Wirkung zweier Geschlechter von der Mutterpflanze isolierte Samen mit Gemmen zusammentreffen, welche aus der Pflanze nur hervordringen und sich ohne bemerkbare Ursache loslösen, ist wohl mit dem Verstande, keineswegs aber mit den Sinnen zu erkennen.

§ 93.

Dieses wohl erwogen, werden wir folgern dürfen: daß die Samen, welche sich durch ihren eingeschlossenen Zustand von den Augen, durch die sichtbare Ursache ihrer Bildung und Absonderung von den Gemmen unterscheiden, dennoch mit beiden nahe verwandt sind.

XIV.
Bildung der zusammengesetzten Blüten und Fruchtstände.

§ 94.

Wir haben bisher die einfachen Blütenstände, ingleichen die Samen, welche in Kapseln befestigt hervorgebracht werden, durch die Umwandlung der Knotenblätter zu erklären gesucht, und es wird sich bei näherer Untersuchung finden, daß in diesem Falle sich keine Augen entwickeln, vielmehr die Möglichkeit einer solchen Entwickelung ganz und gar aufgehoben wird. Um aber die zusammengesetzten Blütenstände sowohl, als die gemeinschaftlichen Fruchtstände, um Einen Kegel, Eine Spindel, auf Einem Boden, und so weiter zu erklären, müssen wir nun die Entwickelung der Augen zu Hülfe nehmen.

§ 95.

Wir bemerken sehr oft, daß Stengel, ohne zu einem einzelnen Blütenstande sich lange vorzubereiten und aufzusparen, schon aus den Knoten ihre Blüten hervortreiben, und so bis an ihre Spitze oft ununterbrochen fortfahren. Doch lassen sich die dabei vorkommenden Erscheinungen aus der oben vorgetragenen Theorie erklären. Alle Blumen, welche sich aus den Augen entwickeln, sind als ganze Pflanzen anzusehen, welche auf der Mutterpflanze eben so wie diese auf der Erde stehen. Da sie nun aus den Knoten reinere Säfte erhalten, so erscheinen selbst die ersten Blätter der Zweiglein viel ausgebildeter, als die ersten Blätter der Mutterpflanze, welche auf die Kotyledonen folgen; ja es wird die Ausbildung des Kelches und der Blume oft sogleich möglich.

§ 96.

Eben diese aus den Augen sich bildenden Blüten würden, bei mehr zudringender Nahrung, Zweige geworden sein, und das Schicksal des Mutterstengels, dem er sich unter solchen Umständen unterwerfen müßte, gleichfalls erduldet haben.

§ 97.

So wie nun von Knoten zu Knoten sich dergleichen Blüten entwickeln, so bemerken wir gleichfalls jene Veränderung der Stengelblätter, die wir oben bei dem langsamen Übergange zum Kelch beobachtet haben. Sie ziehen sich immer mehr und mehr zusammen, und verschwinden endlich beinahe ganz. Man nennt sie alsdann Bracteas, indem sie sich von der Blattgestalt mehr oder weniger entfernen. In eben diesem Maße wird der Stiel verdünnt, die Knoten rücken mehr zusammen, und alle oben bemerkten Erscheinungen gehen vor, nur daß am Ende des Stengels kein entschiedener Blütenstand folgt, weil die Natur ihr Recht schon von Auge zu Auge ausgeübt hat.

§ 98.

Haben wir nun einen solchen an jedem Knoten mit einer Blume gezierten Stengel wohl betrachtet; so werden wir uns gar bald einen gemeinschaftlichen Blütenstand erklären können: wenn wir das, was oben von Entstehung des Kelches gesagt ist, mit zu Hülfe nehmen.

§ 99.

Die Natur bildet einen *gemeinschaftlichen Kelch* aus vielen Blättern, welche sie auf einander drängt und um Eine Achse versammlet; mit eben diesem starken Triebe des Wachstums entwickelt sie einen gleichsam *unendlichen Stengel, mit allen seinen Augen in Blütengestalt, auf einmal, in der möglichsten* an einander gedrängten *Nähe,* und jedes Blümchen befruchtet das unter ihm schon vorbereitete Samengefäß. Bei dieser ungeheuren Zusammenziehung verlieren sich die Knotenblätter nicht immer; bei den Disteln begleitet das Blättchen getreulich das Blümchen, das sich aus den Augen neben ihnen entwickelt. Man vergleiche mit diesem Paragraph die Gestalt des Dipsacus laciniatus. Bei vielen Gräsern wird eine jede Blüte durch ein solches Blättchen, das in diesem Falle der Balg genannt wird, begleitet.

§ 100.

Auf diese Weise wird es uns nun anschaulich sein, wie *die um einen gemeinsamen Blütenstand entwickelten Samen, wahre, durch die Wirkung beider Geschlechter ausgebildete* und *entwickelte Augen* seien. Fassen wir diesen Begriff fest, und betrachten in diesem Sinne mehrere Pflanzen, ihren Wachstum und Fruchtstände, so wird der Augenschein bei einiger Vergleichung uns am besten überzeugen.

§ 101.

Es wird uns sodann auch nicht schwer sein, den Fruchtstand der in der Mitte einer einzelnen Blume, oft um eine Spindel versammelten, bedeckten oder unbedeckten Samen zu erklären. Denn es ist ganz einerlei, ob eine einzelne Blume einen gemeinsamen Fruchtstand umgibt, und

96

die zusammengewachsenen Pistille von den Antheren der Blume die Zeugungssäfte einsaugen und sie den Samenkörnern einflößen, oder ob ein jedes Samenkorn sein eigenes Pistill, seine eigenen Antheren, seine eigenen Kronenblätter um sich habe.

§ 102.

Wir sind überzeugt, daß mit einiger Übung es nicht schwer sei, sich auf diesem Wege die mannigfaltigen Gestalten der Blumen und Früchte zu erklären; nur wird freilich dazu erfordert, daß man mit jenen oben festgestellten Begriffen der Ausdehnung und Zusammenziehung, der Zusammendrängung und Anastomose, wie mit algebraischen Formeln bequem zu operieren, und sie da, wo sie hingehören anzuwenden wisse. Da nun hierbei viel darauf ankommt, daß man die verschiedenen Stufen, welche die Natur so wohl in der Bildung der Geschlechter, der Arten, der Varietäten, als in dem Wachstum einer jeden einzelnen Pflanze betritt, genau beobachte und mit einander vergleiche: so würde eine Sammlung Abbildungen zu diesem Endzwecke neben einander gestellt, und eine Anwendung der botanischen Terminologie auf die verschiedenen Pflanzenteile bloß in dieser Rücksicht angenehm und nicht ohne Nutzen sein. Es würden zwei Fälle von durchgewachsenen Blumen, welche der oben angeführten Theorie sehr zu statten kommen, den Augen vorgelegt, sehr entscheidend gefunden werden.

XV.
Durchgewachsene Rose.

§ 103.

Alles was wir bisher nur mit der Einbildungskraft und dem Verstande zu ergreifen gesucht, zeigt uns das Beispiel einer durchgewachsenen Rose auf das deutlichste. Kelch und Krone sind um die Achse geordnet und entwickelt, anstatt aber, daß nun im Centro das Samenbehältnis *zusammengezogen,* an demselben und um dasselbe die männlichen und weiblichen Zeugungsteile *geordnet* sein sollten, begibt sich der Stiel halb *rötlich* halb *grünlich* wieder in die *Höhe;* kleinere, dunkelrote, zusammengefaltete Kronenblätter, deren einige die Spur der Antheren an sich tragen, entwickeln sich *sukzessiv* an demselben. Der Stiel wächst fort, schon lassen sich daran wieder Dornen sehn, die folgenden einzelnen gefärbten Blätter werden kleiner und gehen zuletzt vor unsern Augen in halb rot halb grün gefärbte Stengelblätter über, es bildet sich eine Folge von regelmäßigen Knoten, aus deren Augen abermals, obgleich unvollkommene Rosenknöspchen zum Vorschein kommen.

§ 104.

Es gibt uns eben dieses Exemplar auch noch einen sichtbaren Beweis des oben Ausgeführten: daß nämlich alle Kelche nur in ihrer Peripherie zusammengezogene Folia Floralia seien. Denn hier bestehet der regelmäßige um die Achse versammlete Kelch aus fünf völlig entwickelten, drei- oder fünffach zusammengesetzten Blättern, dergleichen sonst die Rosenzweige an ihren Knoten hervorbringen.

XVI.
Durchgewachsene Nelke.

§ 105.

Wenn wir diese Erscheinung recht beobachtet haben, so wird uns eine andere, welche sich an einer durchgewachsenen Nelke zeigt, fast noch merkwürdiger werden. Wir sehen eine vollkommene, mit Kelch und überdies mit einer gefüllten Krone versehene, auch in der Mitte mit einer, zwar nicht ganz ausgebildeten, Samenkapsel völlig geendigte Blume. Aus den Seiten der Krone entwickeln sich vier vollkommene neue Blumen, welche durch drei- und mehrknotige Stengel von der Mutterblume entfernt sind; sie haben abermals Kelche, sind wieder gefüllt, und zwar nicht so wohl durch einzelne Blätter als durch Blattkronen, deren Nägel zusammengewachsen sind, meistens aber durch Blumenblätter, welche wie Zweiglein zusammengewachsen, und um einen Stiel entwickelt sind. Ohngeachtet dieser ungeheuren Entwickelung sind die Staubfäden und Antheren in einigen gegenwärtig. Die Fruchthüllen mit den Griffeln sind zu sehen und die Rezeptakel der Samen wieder zu Blättern entfaltet, ja in einer dieser Blumen waren die Samendecken zu einem völligen Kelch verbunden, und enthielten die Anlage zu einer vollkommen gefüllten Blume wieder in sich.

§ 106.

Haben wir bei der Rose einen gleichsam nur halbdeterminierten Blütenstand, aus dessen Mitte einen abermals hervortreibenden Stengel, und an demselbigen neue Stengelblätter sich entwickeln gesehen; so finden wir an dieser

Nelke, bei wohlgebildetem Kelche und vollkommener Krone, bei wirklich in der Mitte bestehenden *Fruchtgehäusen, aus dem Kreise der Kronenblätter, sich Augen entwikkeln*, und wirkliche Zweige und Blumen darstellen. Und so zeigen uns denn beide Fälle daß die Natur gewöhnlich in den Blumen ihren Wachstum schließe und gleichsam eine Summe ziehe, daß sie der Möglichkeit ins Unendliche mit einzelnen Schritten fortzugehen Einhalt tue, um durch die Ausbildung der Samen schneller zum Ziel zu gelangen.

XVII.
Linnés Theorie von der Antizipation.

§ 107.

Wenn ich, auf diesem Wege, den einer meiner Vorgänger, welcher ihn noch dazu, an der Hand seines großen Lehrers versuchte, so fürchterlich und gefährlich beschreibt[c]), auch hier und da gestrauchelt hätte, wenn ich ihn nicht genugsam geebnet und zum besten meiner Nachfolger von allen Hindernissen gereinigt hätte; so hoffe ich doch diese Bemühung nicht fruchtlos unternommen zu haben.

c)   Ferben in Praefatione Dissertationis secundae de Prolepsi Plantarum.

§ 108.

Es ist hier Zeit, der Theorie zu gedenken, welche Linné zu Erklärung eben dieser Erscheinungen aufgestellt. Seinem scharfen Blick konnten die Bemerkungen, welche auch gegenwärtigen Vortrag veranlaßt, nicht entgehen. Und wenn wir nunmehr da fortschreiten können wo er stehen blieb, so sind wir es den gemeinschaftlichen Bemühungen so vieler Beobachter und Denker schuldig, welche manches Hindernis aus dem Wege geräumt, manches Vorurteil zerstreut haben. Eine genaue Vergleichung seiner Theorie und des oben Ausgeführten würde uns hier zu lange aufhalten. Kenner werden sie leicht selbst machen, und sie müßte zu umständlich sein, um denen anschaulich zu werden die über diesen Gegenstand noch nicht gedacht haben. Nur bemerken wir kürzlich was ihn hinderte weiter fort und bis ans Ziel zu schreiten.

§ 109.

Er machte seine Bemerkung zuerst an Bäumen, diesen zusammengesetzten und lange daurenden Pflanzen. Er beobachtete, daß ein Baum, in einem weitern Gefäße überflüssig genährt, mehrere Jahre hintereinander Zweige aus Zweigen hervorbringe, da derselbe, in ein engeres Gefäß eingeschlossen, schnell Blüten und Früchte trage. Er sahe daß jene sukzessive Entwickelung hier auf einmal zusammengedrängt hervorgebracht werde. Daher nannte er diese Wirkung der Natur Prolepsis, eine Antizipation, weil die Pflanze, durch die sechs Schritte welche wir oben bemerkt haben, sechs Jahre voraus zu nehmen schien. Und so führte er auch seine Theorie, bezüglich auf die Knospen der Bäume aus, ohne auf die einjährigen Pflanzen besonders Rücksicht zu nehmen, weil er wohl bemerken konnte daß seine Theorie nicht so gut auf diese als auf jene passe. Denn nach seiner Lehre müßte man annehmen, daß jede einjährige Pflanze eigentlich von der Natur bestimmt gewesen sei sechs Jahre zu wachsen, und diese längere Frist in dem Blüten- und Fruchtstande auf einmal antizipiere und sodann verwelke.

§ 110.

Wir sind dagegen zuerst dem Wachstum der einjährigen Pflanze gefolgt; nun läßt sich die Anwendung auf die daurenden Gewächse leicht machen, da eine aufbrechende Knospe des ältesten Baumes als eine einjährige Pflanze anzusehen ist, ob sie sich gleich aus einem schon lange bestehenden Stamme entwickelt und selbst eine längere Dauer haben kann.

§ 111.

Die zweite Ursache, welche Linnéen verhinderte weiter vorwärts zu gehen, war, daß er die verschiedenen in einander geschlossenen Kreise des Pflanzenkörpers, die äußere Rinde, die innere, das Holz, das Mark, zu sehr als gleichwirkende, in gleichem Grad lebendige und notwendige Teile ansah, und den Ursprung der Blumen und Fruchtteile diesen verschiedenen Kreisen des Stammes zuschrieb, weil jene, eben so wie diese, von einander umschlossen und sich auseinander zu entwickeln scheinen. Es war dieses aber nur eine oberflächliche Bemerkung, welche näher betrachtet sich nirgend bestätigte. So ist die äußere Rinde zu weiterer Hervorbringung ungeschickt, und bei daurenden Bäumen eine nach außen zu verhärtete und abgesonderte Masse, wie das Holz nach innen zu verhärtet wird. Sie fällt bei vielen Bäumen ab, andern

98

Bäumen kann sie, ohne den geringsten Schaden derselben, genommen werden; sie wird also weder einen Kelch, noch irgend einen lebendigen Pflanzenteil hervorbringen. Die zweite Rinde ist es, welche alle Kraft des Lebens und Wachstums enthält. In dem Grad in welchem sie verletzt wird, wird auch das Wachstum gestört, sie ist es welche bei genauer Betrachtung alle äußeren Pflanzenteile nach und nach im Stengel, oder auf einmal in Blüte und Frucht hervorbringt. Ihr wurde von Linnéen nur das subordinierte Geschäft die Blumenblätter hervorzubringen zugeschrieben. Dem Holze ward dagegen die wichtige Hervorbringung der männlichen Staubwerkzeuge zuteil; anstatt daß man gar wohl bemerken kann, es sei dasselbe ein durch Solideszenz zur Ruhe gebrachter, wenn gleich daurender, doch der Lebenswirkung abgestorbener Teil. Das Mark sollte endlich die wichtigste Funktion verrichten, die weiblichen Geschlechtsteile und eine zahlreiche Nachkommenschaft hervorbringen. Die Zweifel welche man gegen diese große Würde des Markes erregt, die Gründe die man dagegen angeführt hat sind auch mir wichtig und entscheidend. Es war nur scheinbar als wenn sich Griffel und Frucht aus dem Mark entwickelten, weil diese Gestalten, wenn wir sie zum erstenmal erblicken, in einem weichen, unbestimmten markähnlichen, parenchymatosen Zustande sich befinden, und eben in der Mitte des Stengels, wo wir uns nur Mark zu sehen gewöhnt haben, zusammengedrängt sind.

XVIII.
Wiederholung.

§ 112.

Ich wünsche daß gegenwärtiger Versuch die Metamorphose der Pflanzen zu erklären, zu Auflösung dieser Zweifel einiges beitragen, und zu weiteren Bemerkungen und Schlüssen Gelegenheit geben möge. Die Beobachtungen worauf er sich gründet, sind schon einzeln gemacht, auch gesammelt und gereihet worden[d]); und es wird sich bald entscheiden, ob der Schritt den wir gegenwärtig getan, sich der Wahrheit nähere. So kurz als möglich fassen wir die Hauptresultate des bisherigen Vortrags zusammen.

d) Batsch Anleitung zur Kenntnis und Geschichte der Pflanzen. 1. Teil, 19. Kapitel.

§ 113.

Betrachten wir eine Pflanze in sofern sie ihre Lebenskraft äußert, so sehen wir dieses auf eine doppelte Art geschehen, zuerst, durch das *Wachstum* indem sie Stengel und Blätter hervorbringt, und sodann durch die *Fortpflanzung*, welche in dem Blüten- und Fruchtbau vollendet wird. Beschauen wir das Wachstum näher, so sehen wir daß, indem die Pflanze sich von Knoten zu Knoten, von Blatt zu Blatt fortsetzt, indem sie sproßt, gleichfalls eine Fortpflanzung geschehe, die sich von der Fortpflanzung durch Blüte und Frucht, welche *auf einmal* geschiehet, darin unterscheidet, daß sie *sukzessiv* ist, daß sie sich in einer Folge einzelner Entwickelungen zeigt. Diese sprossende, nach und nach sich äußernde Kraft ist mit jener, welche auf einmal eine große Fortpflanzung entwickelt, auf das genaueste verwandt. Man kann unter verschiedenen Umständen eine Pflanze nötigen, daß sie immerfort *sprosse*, man kann dagegen den *Blütenstand beschleunigen.* Jenes geschieht, wenn rohere Säfte der Pflanze in einem größeren Maße zudringen; dieses, wenn die geistigeren Kräfte in derselben überwiegen.

§ 114.

Schon dadurch daß wir das *Sprossen* eine sukzessive, den *Blüten- und Fruchtstand* aber eine simultane Fortpflanzung genannt haben, ist auch die Art wie sich beide äußern, bezeichnet worden. Eine Pflanze welche *sproßt*, dehnt sich mehr oder weniger aus, sie entwickelt einen Stiel oder Stengel, die Zwischenräume von Knoten zu Knoten sind meist bemerkbar, und ihre Blätter breiten sich von dem Stengel nach allen Seiten zu aus. Eine Pflanze dagegen welche *blüht*, hat sich in allen ihren Teilen zusammengezogen, Länge und Breite sind gleichsam aufgehoben und alle ihre Organe sind in einem höchst konzentrierten Zustande, zunächst an einander entwickelt.

§ 115.

Es mag nun die Pflanze sprossen, blühen oder Früchte bringen, so sind es doch nur immer *dieselbigen Organe* welche, in vielfältigen Bestimmungen und unter oft veränderten Gestalten, die Vorschrift der Natur erfüllen. Dasselbe Organ welches am Stengel als Blatt sich ausgedehnt und eine höchst mannigfaltige Gestalt angenommen hat, zieht sich nun im Kelche zusammen, dehnt sich im Blumenblatte wieder aus, zieht sich in den Geschlechtswerkzeugen zusammen, um sich als Frucht zum letztenmal auszudehnen.

§ 116.

Diese Wirkung der Natur ist zugleich mit einer andern verbunden, mit der *Versammlung verschiedener Organe um ein Zentrum* nach gewissen Zahlen und Maßen, welche jedoch bei manchen Blumen oft unter gewissen Umständen weit überschritten und vielfach verändert werden.

§ 117.

Auf gleiche Weise wirkt bei *Bildung* der Blüten und Früchte eine *Anastomose* mit, wodurch die nahe an einander gedrängten, höchst feinen Teile der Fruktifikation, entweder auf die Zeit ihrer ganzen Dauer, oder auch nur auf einen Teil derselben innigst verbunden werden.

§ 118.

Doch sind diese Erscheinungen der *Annäherung, Zentralstellung und Anastomose* nicht allein dem Blüten- und Fruchtstande eigen; wir können vielmehr etwas Ähnliches bei den Kotyledonen wahrnehmen und andere Pflanzenteile werden uns in der Folge reichen Stoff zu ähnlichen Betrachtungen geben.

§ 119.

So wie wir nun die verschiedenscheinenden Organe der sprossenden und blühenden Pflanze alle aus einem einzigen nämlich dem Blatte, welches sich gewöhnlich an jedem Knoten entwickelt, zu erklären gesucht haben; so haben wir auch diejenigen Früchte, welche ihre Samen fest in sich zu verschließen pflegen, aus der Blattgestalt herzuleiten gewagt.

§ 120.

Es verstehet sich hier von selbst, daß wir ein allgemeines Wort haben müßten wodurch wir dieses in so verschiedene Gestalten metamorphosierte Organ bezeichnen, und alle Erscheinungen seiner Gestalt damit vergleichen könnten: gegenwärtig müssen wir uns damit begnügen, daß wir uns gewöhnen die Erscheinungen vorwärts und rückwärts gegen einander zu halten. Denn wir können eben so gut sagen: ein Staubwerkzeug sei ein zusammengezogenes Blumenblatt, als wir von dem Blumenblatte sagen können: es sei ein Staubgefäß im Zustande der Ausdehnung; ein Kelchblatt sei ein zusammengezogenes, einem gewissen Grad der Verfeinerung sich näherndes Stengelblatt, als wir von einem Stengelblatt sagen können es sei ein, durch Zudringen roherer Säfte ausgedehntes Kelchblatt.

§ 121.

Eben so läßt sich von dem Stengel sagen; er sei ein ausgedehnter Blüten- und Fruchtstand, wie wir von diesem prädiziert haben: er sei ein zusammengezogener Stengel.

§ 122.

Außerdem habe ich am Schlusse des Vortrags noch die Entwickelung der *Augen* in Betrachtung gezogen und dadurch die zusammengesetzten Blumen, wie auch die unbedeckten Fruchtstände zu erklären gesucht.

§ 123.

Und auf diese Weise habe ich mich bemüht, eine Meinung welche viel Überzeugendes für mich hat, so klar und vollständig als es mir möglich sein wollte, darzulegen. Wenn solche dem ohngeachtet noch nicht völlig zur Evidenz gebracht sein; wenn sie noch manchen Widersprüchen ausgesetzt sein, und die vorgetragene Erklärungsart nicht überall anwendbar scheinen möchte: so wird es mir desto mehr Pflicht werden, auf alle Erinnerungen zu merken, und diese Materie in der Folge genauer und umständlicher abzuhandeln, um diese Vorstellungsart anschaulicher zu machen, und ihr einen allgemeinern Beifall zu erwerben, als sie vielleicht gegenwärtig nicht erwarten kann.

Worterklärungen

Afterblätter — Nebenblätter, auch Stipeln, blattartige Anhänge an beiden Seiten des Blattstieles (§ 23).

Aglei — Akelei (Aquilegia sp.), Familie Hahnenfußgewächse (§ 56).

Agrostemma — Gattung der Nelkengewächse, gemeint ist vermutlich Agrostemma githago, die Kornrade (§ 55).

Agrumen — Zitrusgewächse (§ 22).

Akonitum — Eisenhut, Familie Hahnenfußgewächse (§ 57).

Anastomose — Als Anastomose bezeichnet Goethe das Netzwerk der Blattäderung (§ 25).

Anthere — Pollenbehälter des Staubblattes (§ 64).

Bracteas — Brakteen sind Trag- oder Deckblätter mit meist wenig entwickelter Blattspreite, in deren Achsel eine Blatt-, Zweig- oder Blütenanlage sitzt (§ 97).

Cerealien — Gräser, Getreidearten (§ 27).

Dipsacus laciniatus L. — Schlitzblattkarde, Familie Kardengewächse (Abb. 52; § 99).

Federchen — Als Federchen bezeichnet Goethe die Sproßknospe der Keimpflanze (§ 19).

Folia floralia — Hochblätter, die ähnlich wie die Kelchblätter um die Blüten angeordnet sind (Abb. 53; §§ 34, 104).

Gemmen — Gemeint sind hier Knospen, Augen als Ausgangspunkte vegetativer Vermehrung der Pflanzen (§ 92).

Generationswechsel, heteromorph — der Wechsel zwischen verschieden gestalteten Generationen im Lebenszyklus eines Organismus.

Griffel — Verbindung zwischen Narbe und Fruchtknoten (Teil des Pistills) (Abschnitt IX)

Involucro — Als Involucrum wird ein die gesamte Blüte umschließender Komplex von Stengelblättern bezeichnet (Abb. 42); Goethe verwendet den Begriff hier für die Umhüllung der Samen (§ 83).

Kalendeln – Ringelblume (Calendula officinalis = Gartenringelblume), Familie Korbblütengewächse (§§ 35, 36).

Kanna – Blumenrohr (Canna indica L.), Familie Cannaceae (Abb. 38; § 47).

Karina – Schiffchen, Teil der Blüte bei Schmetterlingsblütlern (§ 58).

Kolutea – Blasenstrauch (Colutea arborescens L.) (Abb. 48; § 81).

Kotyledonen – Keimblätter, die Teil des Pflanzenembryos der Samenpflanzen und noch einfach strukturiert sind. Sie können als Reservestoffspeicher ausgebildet sein (z.B. Gartenbohne) oder als Organe der Nährstoffresorption aus anderen Speicherorganen des Samens fungieren (z.B. Mais), in anderen Fällen sind die Keimblätter die ersten Pflanzenorgane, die photosynthetisch selbst Nährstoffe produzieren (Kürbis) (Abb. 19–31; § 11).

Melianthus – Honigstrauch (Melianthus major L.). Der Zierstrauch hat einen traubigen Blütenstand. Den ungewöhnlich bilateral symmetrisch ausgebildeten Kelch der Einzelblüte hielt Goethe für die Blütenkrone, dadurch erschienen ihm die eigentlichen Blütenblätter als Nebenkrone (§ 58).

Narzissus – Narzisse, Osterglocke (§ 55).

Nektarien – Nektardrüsen der Blüten (Abb. 42; § 55).

Nerium – Oleander (Nerium oleander) (§ 55).

Nigella – Schwarzkümmel (Nigella damascena L.) (Abb. 42; §§ 57, 78).

Non quidem . . . – Das der Metamorphoseschrift vorangestellte Motto ist der Arbeit des Linné-Schülers Hinrikus Ullmark »Prolepsis plantarum« (in: Carolus a Linné, Amoenitates academicae, Vol. 6, Holmiae [= Stockholm] 1763) entnommen, die hier wiedergegebene Übersetzung folgt der von Dorothea Kuhn (Schriften zur Morphologie, S. 944): »Es entgeht mir nicht, daß die, die diesen Weg nehmen, durch aufsteigende Nebel übergossen werden; jene werden dennoch leicht zerstreut werden, sobald es uns erlaubt sein wird, das Licht des Experiments aufs stärkste zu nutzen, denn die Natur ist sich selbst immer ähnlich, wenn sie sich auch oft wegen des Mangels an notwendigen Beobachtungen mit sich selbst unstimmig zu sein scheint.«

Parenchymatos – Das Parenchym ist ein pflanzliches Grundgewebe, das aus wenig differenzierten, gleichartigen Zellen besteht (§ 111).

Parnassia – Gemeint ist das zu den Steinbrechgewächsen gehörende Sumpfherzblatt (Paranassia palustris L.) (§ 54).

Pinusarten – Kieferarten (§ 16).

Pistille – Pistillium, Stempel, Gesamtheit von Fruchtknoten, Griffel und Narbe (§ 64).

Polygala – Kreuzblume, die kahnförmige Gestalt der Kronenblätter erinnert an den Bau der Schmetterlingsblüten (§ 58).

Ranunculus aquaticus – Wasserhahnenfuß (§ 25).

Ranunculus asiaticus – Ranunkel, Zierpflanze aus der Familie der Hahnenfußgewächse (§ 72).

Rezeptakel – Behälter (§ 105).

Ruscus – Mäusedorn (Ruscus aculeatus L.) (Abb. 46; § 76).

Rüster – Ulme (§ 83).

Sarazenie – Insektenfressende Sumpfpflanze, gemeint ist eine Art mit schildförmigem Griffel (§ 71).

Solideszenz – Verfestigung (§ 111).

Vallisneria – Wasserschraube (Vallisneria spiralis), subtropisch-tropische Wasserpflanze (§ 54).

Vexilli – Vexillum, auch Fahne der Schmetterlingsblüte, es überragt das aus zwei Blütenblättern bestehende Schiffchen (Carina) und die ebenfalls paarig angeordneten Flügel (Alae) als fünftes Blütenblatt (§ 58).

Vicia faba L. – Feldbohne oder Puffbohne, Wickenart (Abb. 23–24; § 15).

Zanichella – Sumpfteichfaden (Zannichellia palustris L.), die weiblichen Blüten einiger Teichfadengewächse besitzen trichterförmig ausgebildete Narben (§ 71).

Literatur

Goethes Werke werden nach folgenden Ausgaben zitiert:

HA
　Goethes Werke. Hamburger Ausgabe. Hrsg. von Erich Trunz. Hamburg 1948–1964. Neuauflage München 1982 f.

LA
　Johann Wolfgang Goethe, Die Schriften zur Naturwissenschaft. Vollständige mit Erläuterungen versehene Ausgabe. Hrsg. im Auftrage der Deutschen Akademie der Naturforscher Leopoldina von K. Lothar Wolf, Wilhelm Troll (u.a.). Weimar 1947 ff.

Schriften zur Morphologie
　Johann Wolfgang Goethe, Schriften zur Morphologie. Hrsg. von Dorothea Kuhn (Goethe, Sämtliche Werke, Briefe, Tagebücher und Gespräche in 40 Bänden. I. Abteilung, Band 24, Frankfurt a.M. 1987).

WA
　Goethes Werke. Hrsg. im Auftrage der Großherzogin Sophie von Sachsen. Weimar 1887–1919 (Weimarer Ausgabe). Abteilung I: Poetische Werke und Schriften; Abteilung II: Naturwissenschaftliche Schriften; Abteilung III: Tagebücher; Abteilung IV: Briefe.

Batsch 1787–1788
　Johann Georg Carl Batsch, Versuch einer Anleitung zur Kenntnis und Geschichte der Pflanzen. Teil 1.2. Halle 1787–1788.

Batsch 1791
　Johann Georg Carl Batsch, Botanische Bemerkungen. 1. Stück, Halle 1791.

Borckhausen
　Illustratio systematis sexualis Linnaei . . . Erläuterung des Linnaeischen Sexualsystems, von neuem hrsg. von Moritz Balthasar Borckhausen. Darmstadt: Wwe Merck geb. Charbonnier 1792. Neuausgabe: Frankfurt a.M.: Varrenkamp & Wenner 1804.

Bräuning-Oktavio
　Hermann Bräuning-Oktavio, Merck als Verleger. In: Philobiblon 5, 1932, S. 5–10 und 46–52.

Corpus
　Corpus der Goethezeichnungen. Bearbeiter der Ausgabe: G. Femmel (u.a.). Band I–VII, Leipzig 1958–1979.

Dahl
　Maria Dahl, Goethes mikroskopische Studien an niederen Tieren und Pflanzen im Hinblick auf seine Morphologie. In: Jahrbuch der Goethe-Gesellschaft. Band 13, Weimar 1927, S. 172–183.

Darwin
　Charles Darwin, On the origin of species by means of natural selection, or the preservation of favoured races in struggle for life. London 1859.

Dietrich
　Friedrich Gottlieb Dietrich, Neuer Nachtrag zum vollständigen Lexikon der Gärtnerei und Botanik. Band 30, Ulm 1840.

Ferber
　Johann Jakob Ferber, Dissertatio de prolepsi plantarum. Uppsala 1763.

Froebe
　Hans A. Froebe, »Ulmbaum und Rebe«. Naturwissenschaft, Alchymie und Emblematik in Goethes Aufsatz »Über die Spiraltendenz«. In: Jahrbuch des Freien Deutschen Hochstifts 1969. Tübingen 1969, S. 164–193.

Gaertner
　Joseph Gaertner, De fructibus et seminibus plantarum. Stuttgart und Tübingen 1788 ff.

Goethe 1829
　J.W. de Goethe, Essai sur la métamorphose des plantes. Traduit par M. Frédéric de Gingins-Lassaraz. Genf–Paris 1829.

Goethe 1842
　G.W. Goethe, Saggio sulla metamorfosi della plante tradotto da Pietro Robiati. Milano 1842.

Goethe 1946
　J.W. Goethe, An Attempt to Interpret the Metamorphosis of plants. Translation. In: Agnes Arber, Goethe's Botany (Chronica Botanica, Vol. 10, Nr. 2, Waltham/ Mass. 1946).

Goethe 1959
　J.W. v. Goethe, Växternas Metamorfos med kommentarer och inledning av Rudolf Steiner. Översätting: Karl Axel Thelander. Falköping 1959.

Grumach
　Kanzler Friedrich von Müller, Unterhaltungen mit Goethe. Hrsg. von Renate Grumach. Weimar 1982.

Haeckel
Ernst Haeckel, Generelle Morphologie der Organismen. Allgemeine Grundzüge der organischen Formenwissenschaft, mechanisch begründet durch die von Charles Darwin reformierte Descendenztheorie. Berlin 1866.

Hansen 1907
Adolf Hansen, Goethes Metamorphose der Pflanzen. Geschichte einer botanischen Hypothese in zwei Teilen (Teil 2: Tafeln). Gießen 1907.

Hansen 1914
Adolf Hansen, Die Aufstellung von Goethes naturwissenschaftlichen Sammlungen im Neubau des Goethehauses zu Weimar. In: Naturwissenschaftliche Wochenschrift NF 13, Jena 1914.

Hansen 1919
Adolf Hansen, Goethes Morphologie. Gießen 1919.

Hedwig
Johann Hedwig, Vom wahren Ursprung der männlichen Begattungswerkzeuge der Pflanzen nebst einer diese Lehre erläuternden Zerlegung der Herbstzeitlosen. In: Leipziger Magazin zur Naturkunde, Mathematik und Ökonomie, 3. Stück 1781.

Heisenberg
Werner Heisenberg, Das Naturbild Goethes und die technisch-naturwissenschaftliche Welt. In: Jahrbuch der Goethe-Gesellschaft. Neue Folge. Band 29, Weimar 1967, S. 27–42.

Hill
John Hill, Abhandlung von dem Ursprung und der Erzeugung proliferierender Blumen . . . Aus dem Englischen übersetzt von G. Georg Leonhard Huth. Nürnberg 1768 (in einem Sammelband Hillscher Abhandlungen).

Jahn
Ilse Jahn (u.a.), Geschichte der Biologie. Jena 1985.

Keudell
Elise von Keudell, Goethe als Benutzer der Weimarer Bibliothek. Weimar 1931.

Kuhn
Dorothea Kuhn, Typus und Metamorphose. Goethe-Studien. Hrsg. von Renate Grumach. Marbach a.N. 1988.

Linné 1747
Carl von Linné, Fundamenta botanica . . . Halle/Saale 1747.

Linné 1752
Carl von Linné, Genera plantarum . . . Halle-Magdeburg 1752.

Linné 1767
Carl von Linné, Termini botanici explicati. Leipzig 1767.

Martins
Oeuvres d'histoire naturelle de Goethe, traduits et annotés par Ch. Fr. Martins. Paris–Genf–London 1837. Dazu: Atlas contenant deux planches d'anatomie comparée, trois de botanique et deux de géologique par P.J.F. Turpin. Paris–Genf 1837.

Martius 1828
Carl Friedrich Philipp von Martius, Über die Architektonik der Blüten. In: Isis, Band XXI, 1828, S. 522–529.

Martius, Briefwechsel
Goethe und Martius (Briefwechsel). Hrsg. von Alexander von Martius. Mittenwald 1932.

Nissen
Claus Nissen, Die botanischen Buchillustrationen, ihre Geschichte und Bibliografie, 2. Aufl., Stuttgart 1966.

Portmann
Adolf Portmann, Goethe und der Begriff der Metamorphose. In: Goethe-Jahrbuch. Band 90, Weimar 1973, S. 11–21.

Ruppert
Hans Ruppert, Goethes Bibliothek. Katalog. Weimar 1958.

Schmid 1930
Günther Schmid, Goethes Metamorphose der Pflanzen. In: Goethe als Seher und Erforscher der Natur. Hrsg. von Johannes Walther. Halle/Saale 1930, S. 205–226.

Schmid 1940
Günther Schmid, Goethe und die Naturwissenschaften. Eine Bibliographie. Halle/Saale 1940.

Schuster
Julius Schuster, Goethe als botanischer Zeichner. In: Der Kunstwanderer, 6. Jg., Berlin 1924, S. 338–341.

Schuster 1924
    Julius Schuster, Goethe: Die Metamorphose der Pflanzen. Mit dem Originalbildwerk. Berlin 1924.

Soret
    Frederic Soret, Zehn Jahre bei Goethe. Erinnerungen an Weimars klassische Zeit 1822–1832. Hrsg. von H.H. Houben. Leipzig 1929.

Sprengel
    Christian Konrad Sprengel, Das entdeckte Geheimnis der Natur im Bau und in der Befruchtung der Blumen. Berlin 1793.

Strasburger
    Eduard Strasburger, Lehrbuch der Botanik, 31. Aufl., bearb. von D. v. Deuffer, F. Ehrendorfer, K. Mägdefrau, H. Ziegler. Jena 1978.

Troll 1926
    Goethes morphologische Schriften. Ausgewählt und eingeleitet von Wilhelm Troll. Jena 1926.

Troll 1954
    Wilhelm Troll, Keimung und Blattbildung von Entada scandens. Ein Beitrag zur Würdigung von Goethes botanischen Studien. In: Neue Hefte zur Morphologie, Heft 1, 1954, S. 13–50.

Troll 1954–1957
    Wilhelm Troll, Praktische Einführung in die Pflanzenmorphologie. Teil 1.2, Jena 1954–1957.

Troll/Wolf
    Wilhelm Troll/Lothar Wolf, Goethes morphologischer Auftrag. Tübingen 1950.

Zander
    R. Zander, Handwörterbuch der Pflanzennamen, 13. Aufl., Stuttgart 1984.

Inhalt